대한민국 상위 1%
10,000명을 10년간 분석한

대한민국
부자보고서

대한민국 상위 1%
10,000명을 10년간 분석한

대한민국
부자보고서

그들은 어떻게 부자가 되었을까?

하나은행 하나금융경영연구소 지음

상속과 증여
그리고
절세

부자의
투자법

대한민국
부자
샅샅이
살펴보기

대한민국
부자,
10년의
변화

떠오르는 부자,
영리치 &
슈퍼리치

부자의 법칙은 시간이 지나도 변하지 않는다!

nomad
지식노마드

인생을 살면서 누구나 '나도 부자가 될 수 있을까?'라는 생각을 한번쯤은 해 봤을 것이다. 사람마다, 시대에 따라 부자의 기준이 다르겠지만 오래전부터 부자는 '백만장자(millionaire)'로 불리어왔다. 그래서인지 일반적으로나 학술적으로도 부자를 말할 때 금융자산 100만 달러(원화 10억 원)를 기준으로 구분하는 경향이 있다. 당 연구소에서는 이 기준에 따라 2022년 말 현재 부자는 약 36만 명, 이들이 보유한 금융자산은 약 978조 원으로 추정했다. 부자 수는 총인구 대비 1% 남짓이지만, 이들이 가진 금융자산은 전체 가계 금융자산의 20%를 차지해 그 영향력이 크지 않을 수 없다.

태어나면서 부자인 사람도 있고 평생 노력을 통해 부자가 된 사람도 있지만 과거에 비해 출신 배경을 넘어서는 방법이 훨씬 다양해져, 개인이 꿈꾸는 삶을 직접 실현할 가능성이 커졌다는 점에는 큰 이견이 없을 것이다. 번뜩이는 아이디어로, 나만의 콘텐츠로 젊은 나이에 부자가 되기도 하고, 기막힌 타이밍에 큰 투자 수익을 내기도 하는 등 우리 주변에는 스스로 부를 일군 부자도, 과거와 다른 방식으로 돈을 버는 새로운 부자도 등장하고 있다.

이렇듯 신흥 부유층이 증가하고, 또 부자를 열망하는 사람들이 많아진 시점에 하나은행 하나금융경영연구소는 대한민국 부자들의 자산 형성 과정, 관리 방법, 돈을 대하는 태도와 삶의 모습 등을 객관적으로 분석한 보고서를 준비했다. 자산관리의 명가로 알려진 하나은행은 주요 컨설팅 업체의 도움을 받아 2007년 업계 최초로 PB(Private Banker) 손님의 특성을 분석해 이를 기반으로 맞춤형 서비스를 제공하기 시작했다. 이를 계기로 매년 1,000명에 가까운 부자를 대상으로 설문조사를 실시해 『대한민국 웰스 리포트(Korean Wealth Report)』를 15년째 발간하고 있다(내부 사정으로 2011년과 2016년 발간 제외). 처음에는 내부 활용을 목적으로 작성했으나 2012년부터 외부 발간물 형태로 전환하고, 2013년부터는 'Korean Wealth Report'를 브랜드화하면서 우리나라의 대표적인 부자 보고서로 자리 잡았다.

초기에는 PB 손님 만족도를 확인하고 새로운 상품과 서비스를 개발하기 위한 목적에서 부자만을 대상으로 설문을 진행하였으나, 이후 부자와 일반인의 특성을 비교하기 위해 대중부유층을 포함한 일반인까지 포함하였다. 그리고 매년 시의성 있는 내용을 담기 위해 노력해왔다. 2013년에는 자수성가형 부자의 특징을 살펴봤고, 2014년과 2017년에는 소비 행태, 커뮤니티 인맥 관리, 가족관 등 라이프스타일에 집중했다. 또한 2020년에는 부자들의 자산축적 방법을, 2022년에는 영리치 및 가상자산, 팬데믹 시기의 자산관리를, 2023년에는 슈퍼리치 등에 초점을 맞

취 분석했다.

이 책은 2012년 이후 작성된 보고서를 간추린 것으로, 지난 10여 년 동안 우리나라 부자들이 어떻게 변해왔는지를 한눈에 파악할 수 있을 것이다. 특히, 하나은행 PB와 손님의 인터뷰 내용을 중간중간에 추가해, 보다 생생한 이야기를 접할 수 있다.

총 5개 장으로 구성하였다. 제1장은 지난 10여 년 동안 부자들의 변화에 초점을 맞추었다. 부자의 기준이 어떻게 바뀌어 왔는지를 은행 PB와 부자 스스로의 시각에서 알아보고, 이들의 자산 포트폴리오 변화를 정리했다.

제2장에서는 부자들의 자산 포트폴리오를 보다 자세히 들여다봤다. 자산 포트폴리오 전반에 걸친 특징과 더불어 부자들이 팬데믹 위기를 어떻게 극복했는지를 다루었다. 이어 부자의 자산 중에서 가장 중요한 부동산과 주식의 투자 및 관리 방법을 자세히 설명했다.

제3장에서는 대한민국 부자의 다양한 특성을 설명하였다. 은행PB들이 현장에서 느낀 부자의 모습을 조망해 보고 부자들의 자산 형성 과정, 직업 특성, 거주지역, 은퇴 후 라이프스타일, 기부활동 등을 통해 부자들의 현주소를 파악했다. 특히 요즘 유행하고 있는 MBTI(Myers-Briggs Type Indicator) 테스트를 통해 일반인과 다른 부자들의 성격 유형도 분석했다.

제4장은 테마형 주제로 새롭게 부상하는 영리치와 남다른 자산을 보유한 슈퍼리치의 삶을 심층 분석했다. 쉽게 접할 수 없는 영리치와 슈퍼리치가 누구인지를 들여다보고 남다른 투자 방식을 살펴봄으로써 이들이 어떻게 부자가 되었는지를 되돌아보았다.

끝으로 제5장에서는 부자들이 가장 관심을 갖는 분야인 상속과 증여, 절세에 대해 분석했다. 부자들이 언제쯤 상속이나 증여를 생각하는지, 실제로 상속·증여는 어떤 방식으로 진행되는지, 그리고 상속·증여 시 절세 방법의 노하우는 무엇인지를 살펴보았다.

아무쪼록 독자 여러분들이 이 책을 통해 부자들이 자산을 형성하는 과정에서 활용한 수단, 자산을 지키는 방법, 돈을 대하는 태도 등에 대한 특징을 객관적으로 이해했으면 한다. 그것이 바로 이 책이 쓰인 근본 목적이기도 하다. 이후 작은 팁을 얻어 직접 실천해보는 기회를 만든다면 그것만으로도 의미 있는 한 걸음이 될 수 있을 것이다. 대물림해온 부자들이 많은 건 사실이지만 부자의 절반 가까이는 작은 것부터 실천하면서 자기 자산에 대해 늘 관심을 가지고, 기회가 왔을 때 발 빠르게 실행했다는 사실을 기억하기 바란다.

차례

제3장 대한민국 부자 샅샅이 살펴보기

제4장 떠오르는 부자, 영리치 & 슈퍼리치

제5장　상속과 증여 그리고 절세

제1장

대한민국 부자,
10년의 변화

10년 전 대한민국 사회를 돌아보면, 그때도 강남의 집값은 비쌌고, 일반 근로자들은 내 집 마련이 힘들었으며, 대학생들은 취업을 위해 졸업을 미루는 일이 드물지 않았다. 그리고 10년 전에도 국민의 대다수는 스마트폰을 이용하면서 모바일 메신저로 지인들과 소통하고 모바일 쇼핑을 즐겨 하며, 유튜브로 본인 취향에 맞는 동영상을 시청했다. 지금과 비교해볼 때, 경제적·사회적 환경이 크게 다르지 않았다고 느껴지기도 한다.

그런데 하나은행이 매년 시행하고 있는 부자 보고서의 설문 내용과 설문 방식은 그간 꽤 많은 부분이 바뀌었다. 우선, 자산이나 소득을 파악하는 질문이 더 구체적으로 되었고, 전에는 없던 자산 유형들, 이를테면 ETF, 가상자산 등이 등장했다. 그사이에 비트코인 광풍이 지나가기도 했고, 코로나19라는 예상치 못한 전염병으로 일상이 마비되어 혼란스러운 시기도 겪었다. 지난 10년간 우리나라 부자의 모습은 어떻게 달라졌을까?

01 ·········· PB가 말하는 부자, 10년의 변화

"소위 돈 많은 사람의 전형이 바뀌고 있는 것 같다는 생각이 듭니다. 예전에 우리나라 자본주의를 천민 자본주의라고 통칭하던 시대가 있었는데, 지금은 더욱 성숙한, 귀족 자본주의로 접어들고 있는 과정인 것 같습니다."

(PB 인터뷰 중에서)

"과거 부자와 다르게 요즘 부자는 성품이 좋은 분들이 많아요. 예전에 부자라고 하면 돈은 많지만 매너 없고 마음대로 행동하고 아랫사람을 함부로 부린다는 인식이 강했거든요. 하지만 요즘 부자는 지식도 많고 성품이 좋은 편이라고 볼 수 있습니다. 기본 행동에 매너가 있고 2·3세대인 자녀 세대도 교양이 있어요. 자녀들의 경우 어릴 적부터 부족함 없이 자라고 친구들과의 관계도 원활한 것으로 보입니다. 그래서 그런지, 성인이 되어서도 인성이 좋고 행동도 다들 점잖은 편이에요."

(PB 인터뷰 중에서)

오랫동안 고객을 응대했던 PB(Private Banker)들이 대한민국 부자가 달라졌다고 느끼는 부분은 새로운 방법으로 부를 형성한 부자가 등장했다는 것, 그리고 부자의 '의식'이 달라졌다는 것이다. 지금의 부자는 과거에 비해 매너가 좋아지고 부자로서의 '격'을 갖추었다는 의견이 지배적이다.

과거의 부자는 자산관리를 하는 데 있어서 은행을 비롯한 금융회사에 많이 의존했던 반면, 지금은 본인이 다양한 플랫폼을 활용하여 투자 정보를 찾고 적극적으로 움직인다. 트렌디한 ETF(Exchange Traded Fund, 상장지수펀드) 상품을 찾아 직접 투자하는 등 글로벌 투자도 서슴지 않는다. 그동안 금융회사가 디지털 전환을 통해 디지털 거래를 활성화했고, 무엇보다도 우리의 일상이 모바일 중심으로 바뀌면서 산업이나 기업 정보에 쉽게 접근할 수 있게 된 덕분이다.

부자가 자녀에게 상속·증여하는 모습도 많이 달라졌다. 10여 년 전만 해도 부자는 자녀의 결혼 시점 등을 염두에 두며 집을 여러 채 매입하기도 했다. 당시에는 상속·증여의 핵심자산이 부동산이었던 것이다. 그러나 지금은 종부세 부담 때문에 자녀에게 금융자산을 증여하려는 의향이 더 커졌다. 특히 가족 구성원들 간 분쟁의 소지가 있는 경우 증여 신탁을 선택하는 경우도 많아졌다.

그리고 집값이 계속 상승하면 증여세가 크게 부과될 것이라는 우려 때문에 한시라도 이른 시점에 증여하려는 부자도 늘어났다. 즉, 부동산의 과표가 적을 때 증여해서 자식이 부동산에 대한 결정권을 행사하기 바라는 것이다.

또 한 가지는, 과거에는 자녀 간 상속 분쟁이 많았다면, 최근에는 부모와 자녀 간의 상속 분쟁이 늘었다는 점이다. 자녀 수가 줄면서 과거에 비해 자녀 간의 상속 갈등은 적어진 반면, 부모들의 태도가 변해 부모와 자식 간의 자산 이전 문제가 발생하고 있다. 요즘 부모들 역시 상속을 중요하게 생각하고, 증여 의향이 없는 것은 아니지만, 점점 상속·증여를 덜 해주고 싶어 하는 경향이 나타나고 있다. 과거에는 '내 재산을 아껴서 자식에게 다 주고 간다'라는 인식이 컸다면, 최근에는 '내가 힘들게 일해서 번 돈을 왜 자식에게 다 주냐'라는 인식이 강해진 모습이다.

02 ·········· 부자의 기준: 예나 지금이나
나보다 많아야 부자

부자들은 스스로 어느 정도의 자산을 보유해야 부자라고 생각할까? '10년 전에는 10억 원만 있어도 부자라고 했지만, 지금은 100억 원 정도가 있어야 부자라고 생각하지 않을까?' 하는 드라마틱한 기대를 할지 모른다. 하지만 과거 어느 해에는 부자의 기준으로 지금보다 더 높은 금액이 언급되기도 했었다. 부자를 판가름하는 자산 규모는 매년 들쑥날쑥하는 모습이다. 다만, 부의 기준이 100억 원이라고 응답한 비율을 살펴보면, 2020년에는 28%, 2021년에는 38%, 2022년에는 46%로 점차 의견이 모아지는 추세이긴 하다. 부자를 가까이에서 보아왔던 은행 PB들도 대략 100억 원 정도를 부자의 기준으로 삼고 있었다.

부자 10명 중 2~3명만 스스로 부자라고 평가

그동안 설문에 참여한 부자들이 실제 보유하고 있는 총자산

▶ **'나는 부자다'라고 생각하는 비중**

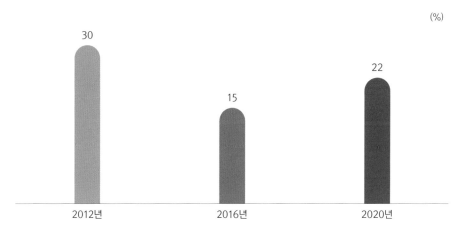

(%)

- 30 (2012년)
- 15 (2016년)
- 22 (2020년)

자료: Korean Wealth Report 각 호

은 평균 72억 원이었다. 그래서일까? 금융자산 10억 원 이상을 부자라고 정의하고 진행한 지금까지의 조사에서, 스스로 부자라고 평가한 비율은 2012년 이후 지금까지 10명 중 3명을 넘지 않는 수준이었다. 부자가 실제 보유한 자산 규모(평균 72억 원)를 생각하면 스스로를 너무 박하게 평가하는 면이 없지 않아 보인다. 하지만 2016년은 특히 대외 불확실성이 높았던 시기여서 부자도 위험자산의 보유 비중을 줄이던 시점이었다. 자산관리에 있어 대외 변수의 영향이 크다고 느끼면서 투자심리가 위축되었고, 동시에 스스로 부자라고 느끼는 사람의 비율도 상대적으로 낮았던 것 같다.

부자가 생각하는 부자의 기준을 '총자산 평균'으로 분석해 보면, 앞서 언급한 것처럼 지난 10여 년간 일관된 흐름을 보이지 않는다. 2012년 114억 원을 시작으로 2019년에는 약 40억 원이

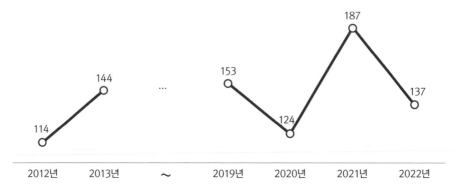

자료: Korean Wealth Report 각 호

많은 153억 원으로 기준이 높아지고, 1년 후에는 124억 원으로 다시 하락한다. 그리고 그다음 해에는 187억 원으로 다시 기준 이 높아졌다. 상대적으로 유동성이 풍부하거나 전년보다 경기 지표가 나쁘지 않은 시기에는 부자가 생각하는 부의 기준도 높 게 응답된 경향이 있다.

2020년은 124억 원으로 부자의 기준 자산이 상대적으로 낮 게 나타났는데, 이는 팬데믹 등에 따른 심리적인 요인이 작용한 것으로 추정된다. 그리고 이듬해 기준 자산이 다시 187억 원으 로 크게 증가한 것은 부동산 및 주식을 비롯한 자산가치가 크 게 상승했던 시기였던 만큼 부자를 판단하는 기준 역시 크게 높아진 것으로 해석된다. 이후 2022년 조사에서는 137억 원으 로 2021년보다 평균 기준금액은 소폭 낮아졌으나 '부자의 기준 이 되는 총자산 규모'에 대해 300억 원 이상이라고 언급한 비율이 10%를 넘기 시작했다.

경제 상황에 따라 부자의 기준도 달라져

경제 상황에 따라 부자의 기준으로 인식되는 자산 기준의 변화가 크고, 부자 스스로 부자 범주에 포함되기 어렵다고 평가하는 점 등을 미루어볼 때, 사람들의 인식 속에서 '부자'는 절대적 기준으로 'OO억 원보다 많이 가진 사람'이라기보다 어느 정도 '희소성을 가진 상위 계층의 집단'이라 여기는 것이 아닌가 생각된다. 금융자산을 10억 원 넘게 가진 부자들이 스스로 부자라고 인식하지 않는 이유도 상대적으로 자산을 훨씬 많이 축적한 부자를 주변에서 흔히 볼 수 있기 때문일 것이다. 남들이 생각하기에 충분한 자산을 보유한 부자들도 '부자'라고 하면 '특별한 계층'이며 '소수'여야 할 것 같다는 생각이 자리 잡은 듯하다.

일반인에게 부자는 닿을 수 없는 특별한 계층

그러면 부자가 아닌 대중부유층(Mass affluent, 금융자산 1억 원 이상 10억 원 미만 보유자), 그리고 일반인(Mass, 금융자산 1억 원 미만 보유자)은 부자의 기준을 얼마라고 생각할까? 2021년을 기준으로 일반인은 총자산(부동산 포함) 217억 원 정도는 보유해야 부자라고 생각했고, 대중부유층은 160억 원 정도를 기준으로 보았다.

앞에서 실제 부자들은 평균적으로 187억 원 정도를 소유해야 부자라고 여겼다. 부자(187억 원)와 대중부유층(160억 원)이 생각하는 부자의 기준은 비교적 유사하나, 일반인(217억 원)이 훨씬 더 높다는 것을 알 수 있다. 일반인은 일상에서 부자를 접하기

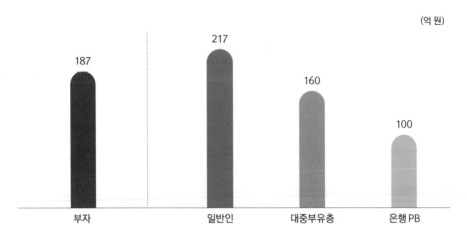

▶ PB, 부자, 대중부유층, 일반인이 인식하는 부의 기준 (총자산 평균)

(억 원)

- 부자: 187
- 일반인: 217
- 대중부유층: 160
- 은행 PB: 100

자료: Korean Wealth Report 2022

보다 언론에 거론되는 부자를 접하기 때문에 쉽게 넘볼 수 없는
인식의 장벽을 더 높이 쌓아 올려 부자를 구분하는 것 같다.

03 ⸻⸻⸻ 소득원의 구성: 돈이 돈을 버는 부자에서 일하는 부자로!

2022년 말 기준으로 금융자산 10억 원 이상을 보유한 부자의 가구당 1년 평균소득은 3억 8,000만 원 수준이다. 2012년 부자의 가구당 1년 평균소득이 3억 5,100만 원이었던 것과 비교하면 많이 늘지는 않았다. 그러나 대중부유층의 연 평균소득이 1억 4,000만 원, 일반인은 8,100만 원 정도이니, 부자는 일반인의 약 5배 정도의 소득을 확보하는 셈이다.

부자와 일반인의 근로소득은 2.6배, 재산소득은 8배 격차

조금 더 자세히 살펴보면, 일반인은 연 소득의 절반 이상이 근로소득이다. 8,100만 원 중 약 5,000만 원은 일해서 소득을 확보하는 것이다. 반면, 부자는 근로소득을 통한 수입이 1/3 정도에 불과하다. 3억 8,000만 원 중 약 1억 3,000만 원이 근로소득이다. 근로소득만 보면 부자가 일반인의 2.6배 정도로, 총소득

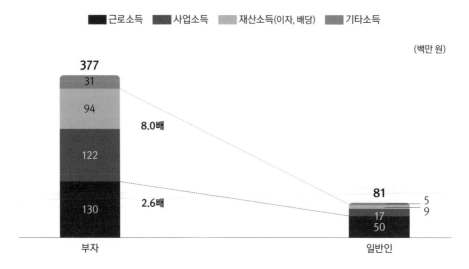

자료: Korean Wealth Report 2023

(5배)보다 차이가 적은 편이다. 부자는 근로소득 외에 사업소득으로 전체 소득의 1/3(1억 2,200만 원)을, 이자나 배당 같은 재산소득으로 1/4(9,400만 원)을 확보한다. 이는 일반인보다 약 8배 높은 수준으로 여기에서의 차이가 부자와 일반인과의 소득 격차를 크게 벌린다.

일반인은 근로자일 경우 근로소득, 자영업자일 경우 사업소득이 주 소득원인 데 반해, 부자들은 다양한 원천을 통해 소득을 창출한다. 자산이 적은 부자들은 근로소득의 비중이 높지만, 자산 규모가 점차 커질수록 부동산 임대수익과 이자, 배당, 투자차익 등의 재산소득이 차지하는 비중이 월등히 높아진다.

부자는 소득으로 연결되는 파이프라인을 다양하게 구성하고 꼭 일하지 않아도 충분한 소득을 확보할 수 있는 상호보완적 소득 구조를 가진다. 바로 그 점이 일반인과 다른 중요한 차이점이기도 하다.

10년 전에는 재산소득, 이제는 근로·사업소득 비중이 커져

과거부터 지금까지 부자의 소득 원천을 시계열로 보면 근로·사업소득의 비중은 점차 증가하고 재산소득의 비중이 줄고 있음을 확인할 수 있다. 물론, 지금도 일반인보다 재산소득의 비중이 높긴 하지만 과거와 비교하면 부자들의 재산소득 비중이 감소하는 경향을 보이는 것이다. 2012년 월 소득의 39%를 재산소득으로 확보해 근로소득(29%)이나 사업소득(26%)보다 10%p 이상 높은 비중이었으나 약 10년 뒤인 2022년 재산소득의 비중이 25%로 하락하며 근로(35%) 및 사업소득(35%)의 비중과 완벽히 역전되었다.

▶ **부자의 소득 원천 변화**

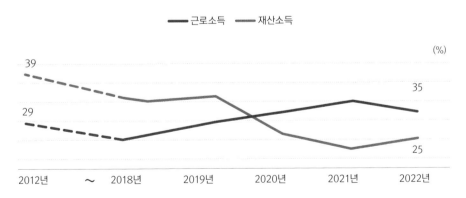

자료: Korean Wealth Report 각 호

길어지는 소득활동, 젊어지는 부자

과거보다 은퇴 연령이 높아지면서 근로·사업 소득을 확보할 수 있는 기간이 길어진 것이 부자의 근로소득 비중이 높아진 한 가지 원인이 될 것이다. 맞벌이 가구가 증가하는 상황에서 과거보다 여성의 사회적 참여가 늘어난 것 또한 영향을 미쳤을 수 있다. 부자의 나이가 과거보다 젊어진 것도 주요 요인 중 하나일 것이다. 과거에는 어느 정도 나이가 든 이후에야 부자의 범주에 속하는 경우가 많았기 때문에 자연스럽게 근로소득보다 재산소득의 비중이 높았지만 점차 부자의 나이가 젊어지면서 여전히 소득활동을 통해 부를 축적 중인 부자가 늘어나게 된 것이다.

품위 유지를 위한 경제활동 지속

부자를 바라보는 사회적 기준이 달라진 것도 부자들의 근로소득 비중을 높이는 데 영향을 미쳤다고 추측된다. 이제는 예전처럼 돈만 많다고 부자 대접을 받을 수 있는 시대가 아니라는 뜻이다. 부자들에게 자산 규모 외 부자의 요건을 물었을 때 가장 많이 나오는 응답 중 하나가 '사회적 위상'이었다. 꼭 돈이 필요해서가 아니더라도 사회적 위상을 유지하기 위해서, 또는 본인의 자아실현을 위해서 직업을 유지하는 비율이 높아지고 있다. 일반인들의 평생 소망은 로또에 당첨돼 더 이상 돈을 벌지 않아도 되는 것이라고들 하는데, 정작 부자들 사이에서는 근로활동을 통한 재산의 비중이 점차 늘고 있다니 뭔가 아이러니하면서도 부자들의 비생계형 근로활동이 부럽기도 한 대목이다.

04 ·············· 자산 포트폴리오 ①:
10년 전엔 은행 예금이 대세,
이제는 부동산(상가에서 아파트로)

부자들의 자산 포트폴리오를 보면 시대에 따라 무엇인가 일정한 패턴을 가지고 움직이기보다 해당 시점의 경제 상황에 따라 맞춤 대응하는 양상을 보인다. 그래서 10년 전과 지금 부자의 자산 포트폴리오에 어떤 차이가 있냐고 묻는다면 답은 '그때그때 다르다'이다.

따라서 이 절에서는 10년의 흐름을 읽기보다 극단적으로 2012년과 2022년 각 시점을 대응 비교해, 10년 전과 현재 부자들의 자산 포트폴리오에 어떤 차이가 있었는지 살펴보기로 한다.

10년 전보다 부동산 비중이 높아져

2012년 국내 부자의 자산 구성은 부동산과 금융자산의 비중이 약 45% 대 55%이다. 10년 후인 2022년에는 부동산이 57%, 금융자산이 43%로, 부동산 비중이 더 높다. 그사이 부동

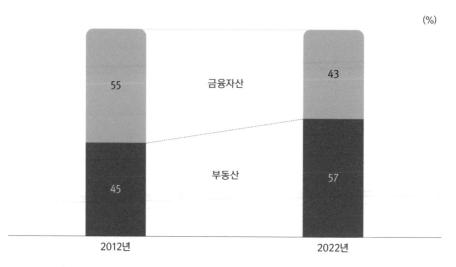

(%)

자료: Korean Wealth Report 2013, 2023

산의 가치 상승과 부동산 선호 현상이 맞물린 결과로 해석된다.

금융자산 중 주식 비중 증가

좀 더 자세히 금융자산 포트폴리오 변화를 살펴보면, 2012년 부자들의 금융자산 포트폴리오는 예금(42%), 펀드(24%), 보험 및 연금(20%), 주식(14%) 순으로 구성되어 있었다. 10년 후인 2022년의 금융자산 포트폴리오는 예금(35%), 주식(16%), 보험 및 연금(15%), 펀드 및 신탁(14%) 순이다. 금융자산에서 예금이 차지하는 비중이 가장 큰 것은 10년 전과 동일하나 그 비중이 42%에서 35%로 감소했다. 설문 항목이 동일하지 않아 직접 비교는 어렵지만, 전반적으로 펀드, 보험 및 연금은 비중이 감소하고 주식은 소폭 증가하였다.

▶ 금융자산 구성 비교(2012년 vs 2022년)

(%)

	예금	주식	보험 및 연금	펀드 및 신탁	현금, 입출금 통장	채권	ETF
2012년	42	14	20	24	–	–	–
2022년	35	16	15	14	13	6	1
차이(%p)	▼7	▲2	▼5	▼10	–	–	–

자료: Korean Wealth Report 2013, 2023

부동산 중 아파트를 선호

10년 전과 현재 부자들이 관심 있는 부동산 유형을 비교해 보았다. 2012년과 2022년 부자들이 관심을 갖는 부동산 유형에 는 어떤 차이가 있을까?

10여 년 전 부자들에게 '부동산에 투자한다면 어느 유형의 부동산에 투자할 것인지' 질문(1순위)하면, 절반(50%)이 건물이나 상가와 같은 상업용 부동산에 투자하겠다고 응답하였다. 그다 음으로는 오피스텔과 토지(임야) 등이 각각 15%를 차지하였고, 주거용 및 투자용 주택(아파트 포함)에 대한 선호도는 모두 10% 이내였다. 해외 부동산에 대한 관심은 3% 미만에 그쳤다.

2022년에는 중소형 아파트(40평형 미만)에 대한 선호도가 가 장 높았다. 그다음으로는 대형 아파트, 상가, 토지, 빌딩, 오피스 텔 순이다. 10년 전과 비교해 상가와 오피스텔 등 상업용 부동 산에 대한 선호도는 낮아지고, 아파트로 관심이 집중됨을 확인 했다. 해외 부동산에 대한 관심은 4%로 큰 변화가 없었다.

주: 2012년 1순위, 2022년 복수 응답
자료: Korean Wealth Report 2013, 2023

05 ·········· 자산 포트폴리오 ②:
부자의 달러 사랑,
해외 주식은 손안에서!

최근 5년간 부자들의 외화자산 보유 현황을 보면, 부자의 76%가 외화자산을 보유하고 있는 것으로 확인됐다. 부자는 특별한 경제적 이슈가 없더라도 특정 시기와 무관하게 달러를 확보한다. 달러는 기축통화로서 안전자산 역할을 해왔고, 그 자체로 현금이기 때문에, 달러를 자산의 일부로 여기고 일정량을 확보해두려는 것이다.

특히 여러 번의 금융위기를 경험한 부자들의 경우 달러가 안전하다는 인식을 가지고 있어 경기가 어려운 시기에도 달러 투자를 선호한다. 엔화나 유로화를 포함하여 외화자산 포트폴리오를 구성하는 사례도 드물지 않다.

부자들이 외화자산을 보유하는 목적은 투자 포트폴리오의 다양성 확보, 정치·경제적 위험에 대한 대비, 자녀 유학과 같은 해외 송금 필요 등이다.

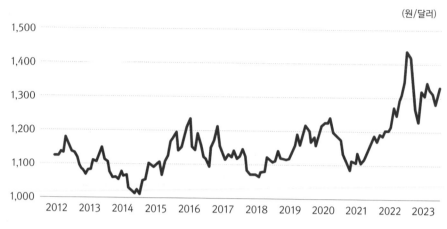

(원/달러)

자료: 한국은행

외화자산 보유 비중은 점차 높아져

그런데 최근 외화자산의 보유 비중이 급격히 증가한 것을 확인할 수 있다. 실제로 부자들은 국내 자산시장이 변동성이 크고 미국 시장에 비해 상대적으로 안전하지 않은 곳으로 인식하고 있다. 한편, 국내 은행뿐만 아니라 해외 은행에도 예금 계좌를 가지고 있는데, 해외 부동산을 취득하거나 자녀 유학자금 등을 위해 직접 해당 계좌에서 사용할 외화자산이 필요하기 때문이다.

2022년 기준으로 부자들이 보유한 외화자산을 세부적으로 살펴보면, 외화예금 보유율이 58%로 가장 높다. 외화현금을 보유한 부자의 비중은 57%로, 2020년 이후 이들의 비중이 크게 늘었음을 확인할 수 있다.

팬데믹 직후 달러 약세로 전환되면서 외화예금 비중을 축소했다가, 2021년부터 다시 달러 강세 현상이 나타나자 선제적으

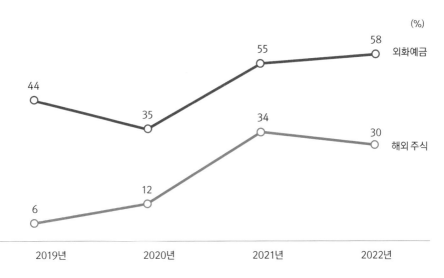

▶ **외화자산의 상품별 보유율**

	2019년	2020년	2021년	2022년
외화현금	31	31	46	57
외화 ETF	3	5	16	15
외화 표시 펀드(해외 뮤추얼펀드 등)	5	6	10	9
외화 표시 채권	6	6	7	9
외화 구조화 상품(ELS/CM S 등)	–	–	6	8
외화보험	3	3	5	6
해외 부동산	2	3	3	–

자료: Korean Wealth Report 각 호

로 외화예금과 현금 보유를 확대한 것이다.

해외 주식거래가 편리해지면서 해외 주식에 대한 관심도 증가

한편, 최근 해외 주식을 직접 거래할 수 있는 플랫폼이 발달하면서 해외 주식을 보유한 비중이 2021년부터 30%대를 넘어 높은 수준을 유지하고 있다. 해외 주식에 대한 접근성이 좋아지면서 해외 주식에 대한 관심도 높아진 것이다. 외화 ETF, 외화 표시 펀드 등의 투자자산도 10%대를 보유하고 있다. 2~3년 전과 비교해 외화자산 보유 비중이 2배 정도 높아졌다.

06 ·················· 자산 포트폴리오 ③:
금(Gold)은 영원하라,
그리고 미술품 투자

지난 10년간 부자의 자산 포트폴리오 변화를 보면 실물자산에 대한 선호가 크게 변화했음을 알 수 있다. 2013년 금, 은, 미술품, 원자재 등 실물자산에 투자한 부자의 비중은 14%였으나, 2022년에는 그보다 약 2배 많은 부자가 실물자산을 보유하고 있다고 답변했다. 인플레이션과 고위험 투자에 대한 헷지를 위해 실물투자의 비중을 늘려온 것으로 해석된다.

그렇다면 부자의 실물자산 포트폴리오에는 무엇이 담겨 있을까? 가장 먼저 떠오르는 것은 골드바(Gold bar), 곧 금이다. 금은 아주 오래전부터 안전하게 부를 축적하는 수단으로 인식되어왔다.

금투자의 다양화
부자의 금투자 방식은 다양하다. 금에 투자하는 방법으로는

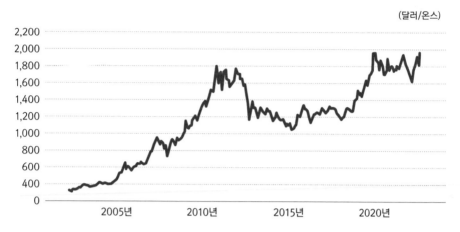

(달러/온스)

자료: https://www.macrotrends.net

금 통장을 개설하거나, 금 ETF, 금 펀드에 가입하는 방법 등이 있지만, 부자들이 선호하는 방법은 골드바 등 실물로 구매하는 것이다. 10%의 부가세와 기타 수수료가 발생하고, 보유에 따른 부수적인 수입이 발생하지 않으며 오히려 보관 비용이 발생할 수도 있는 단점이 있지만, 장기투자 시 이를 상쇄하는 자본이득이 가능하다고 생각하기 때문이다. 자본이득에 대한 세금이 없다는 점과 실물 금 보유에 따른 만족감이 금을 구매하는 이유 중 하나이다.

최근에는 금이 대표적인 안전자산으로 인플레이션을 헷지하는 수단일 뿐만 아니라 가격 하락 시 구매하여 향후 가격 상승으로 수익을 기대할 수 있는 투자 수단으로 각인되고 있다.

멀게는 2008년 글로벌 금융위기, 가까이는 팬데믹 위기, 러시아-우크라이나 전쟁 등 경제 불확실성이 확대되는 경우 금가격이 급격히 상승하는 모습이 나타나면서, 금투자에 대한 관심이 부자뿐만 아니라 일반인 사이에서도 확대되고 있다.

국제 금가격은 글로벌 금융위기 이후 안전자산 선호 현상이 강해지면서 2011년까지 급등세를 보였다가 조정 국면을 거쳤으나, 2019년부터 다시 급등세를 보이며 최근까지 사상 최대치를 기록하고 있다.

금에 이어 미술품에 대한 관심 증가

최근에는 미술품 투자도 증가하는 모습이다. 과거 미술품은 고가의 물건으로 자기만족감이나 과시를 위해 부자들이 구매하는 상품으로 취급되었다. 그러나 최근 신진 작가나 중견 작가

▶ **미술품 보유 여부**

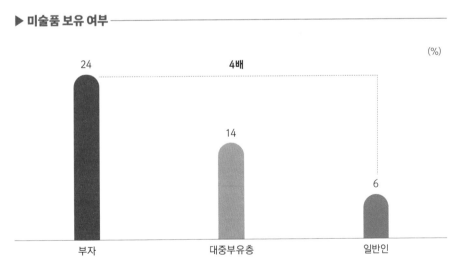

자료: Korean Wealth Report 2023

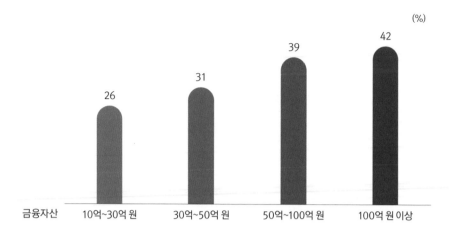

(%)

금융자산	10억~30억 원	30억~50억 원	50억~100억 원	100억 원 이상
	26	31	39	42

자료: Korean Wealth Report 2023

의 작품이 온라인 경매시장을 통해 활발히 거래되고, 나아가 조각투자 플랫폼을 통해 MZ세대의 투자가 확대되는 등 미술품에 대한 관심이 전반적으로 높아졌다.

팬데믹 이후 미술품 시장이 다소 위축되기는 했으나 여전히 일정 수준 이상의 거래가 이루어지고 있다. 최근에는 경매시장을 통한 미술품 거래가 활발해지고 있지만, 판매금액으로 볼 때에는 여전히 화랑을 통한 거래 비중이 크다.

미술품을 투자자산으로 인식하는 분위기가 확산되고 있는 가운데, 미술품을 보유한 부자는 24% 정도이다. 10명 중 2~3명이 보유하고 있는 셈이다. 이는 일반인보다 4배 정도 높은 수준이다. 보유 중인 미술품의 가치는 1,000만 원에서 5,000만 원이 44%로 가장 많고, 그다음으로 1,000만 원 미만이 38%를 차지한다. 1억 원 이상의 미술품을 보유한 부자는 12% 정도로, 아직

금액 자체는 크지 않은 편이다.

향후 미술품 거래의향도 높아지는 추세

하지만 앞으로 투자가치 측면이나 자산 이전 수단으로써 부자들의 미술품 투자는 점차 확대될 것으로 예상된다. 실제 조사에서도 부자의 28%가 향후 미술품 구매 계획을 갖고 있다고 답변했다. 2013년 미술품 구매 계획이 있다고 답변한 부자는 14%였다. 10년간 미술품 구매 선호도는 2배나 증가한 것이다.

금융자산 규모가 클수록 미술품 구매 의향을 가진 부자의 비율도 높아졌다. 금융자산 100억 원 이상을 보유한 부자의 경우 42%가 향후 미술품 구매 계획이 있다고 밝혔다.

그러나 신중히 접근해야 할 미술품 투자

앞서 살펴본 미술품과 금은 투자자산으로서 서로 다른 특징을 보인다. 첫째, 상품에 대한 지식 측면에서 금은 경제 환경 등 금가격에 영향을 줄 수 있는 요인에 대한 지식이 필요하지만, 금 자체에 대한 지식은 별도로 요하지 않아 누구든지 투자할 수 있다. 그러나 미술품의 경우 미술품 자체에 대한 비교적 높은 수준의 식견을 필요로 한다는 점에서 투자 의사결정의 어려움이 존재한다.

둘째, 금은 보존이 비교적 용이하기 때문에 개인 차원에서 관리가 어렵지 않다. 그러나 미술품은 온도나 습도의 변화에 따라 손상되기도 하므로 적정 장소에서 보관하는 일이 필수적이다. 부자가 고가의 미술품을 외부 수장고(미술품을 보관하는 장소)

에 보관하는 것도 가정 내 미술품 관리가 어렵기 때문이다.

셋째, 금은 단일한 상품이기 때문에 무게에 따라 가격을 산정하지만 미술품은 작품의 적정한 가치 산정이 어렵다. 작가의 평판이나 트렌드에 따라 구매층의 선호도가 바뀌고, 이러한 요인에 의해 가격이 쉽게 변하기도 한다.

마지막으로, 금은 언제든지 환매를 통해 현금으로 교환할 수 있지만, 미술품은 구매자를 찾지 못하면 판매될 때까지 기다려야 한다.

이러한 이유들로 인해 미술품은 투자하기에 결코 쉬운 자산이 아니다. 미술을 원래 좋아하고 작품을 통해 심미적 만족감을 느끼는 부자가 주로 미술품 투자를 한다. 많은 금융회사가 미술품과 관련된 금융상품을 개발하기 위해 고민하고 있지만, 미술품이 가진 위와 같은 특성 때문에 금융상품과 연계하는 비즈니스에는 신중하게 접근하고 있다.

미술품과 NFT

최근 젊은 세대의 미술품과 NFT(Non Fungible Token)*에 대한 관심을 바탕으로 관련 시장이 확대되고 있다. 미술품은 규제가 강화된 부동산 시장과 주식시장의 대안이 되고 있으며, 미술시장의 온라인 확산은 MZ세대의 시장 진입을 가속화시키고 있다. 2022년 거래된 국내 미술품 경매시장을 살펴보면, 낙찰총액은 2,373억 원(한국미술시가감정협회, 아트프라이스 집계)이었다. 2021년은 미술품 경매 거래액이 정점에 달해 3,294억 원에 이르기도 했다. 미술품 가격은 실질금리가 하락할 때 상승하는 경향을 보여 유동성이 미술품 가격 변동을 결정하는 중요한 요인으로 작용하기도 하는데, 최근 금리 인상이 이어지면서 미술품시장 역시 전년

---

* NFT는 대체 불가능한 토큰으로 블록체인의 토큰을 다른 토큰으로 대체할 수 없는 가상자산을 의미한다.

▶ 국내 미술품 경매 관련 주요 기업·플랫폼

회사명	특징
서울옥션	1998년 설립된 미술품 경매 국내 1위 업체
케이옥션	2005년 설립된 국내 대표 미술품 경매 회사로 2022년 코스닥 상장
테사, 피카프로젝트	아트테크 스타트업으로 소액투자 통해 유명 작가 작품 공동 소유

자료: 언론보도

▶ NFT 플랫폼 관련 주요 기업 현황

회사명	모기업	특징
그라운드X	카카오	카카오의 가상자산 클레이(Klay)를 가상자산거래소 코인원에 상장시킴
위버스	하이브	엔터테인먼트 콘텐츠로 NFT 사업을 추진, 두나무와 제휴
서울옥션블루	서울옥션	미술품 공동구매 서비스를 위한 플랫폼 소투(SOTWO)를 출시, 두나무와 협업을 통해 디지털 아티스트 발굴
갤럭시아 메타버스	갤럭시아 머니트리	멀티플랫폼 게임 기업 그램퍼스, 웹3 소셜미디어 '직톡(ZIKTALK)' 등 다양한 사업자들과 업무협약을 통해 블록체인 생태계를 조성

자료: PRESS9(http://www.press9.kr)

에 비해 거래가 둔화된 모습이다. 그러나 미술품 시장은 부의 증식 및 이전과 더불어 '눈에 보이는 자산'이라는 본질적 특성을 바탕으로 향후 지속적으로 성장할 것으로 보인다.

특히, 미술품 시장은 그동안 전통적인 부자 중심으로 거래되어 왔으나, MZ 컬렉터가 가세하면서 성장세가 이어질 것으로 예상된다. 최근 국내 경매회사들도 젊은 세대를 미술시장에 유입시키기 위해 공동구매, NFT 플랫폼을 출시하고 있다. 또한 빅테크와 가상자산·엔터테인먼트 기업도 NFT 거래소 콘텐츠 확보를 추진 중이다.

07 ·········· 부의 이전 ①:
금수저의 대물림,
상속형 부자 vs 자수성가형 부자

일반적으로 부자들은 자산 형성 과정에 따라 상속형 부자와 자수성가형 부자로 구분된다. 상속형 부자는 부모 또는 친척으로부터 상속이나 증여를 받아 자산 형성의 기반을 확보한 부자를 의미하고, 자수성가형 부자는 상속이나 증여 없이 순수하게 저축이나 투자를 통해서 자산을 모은 부자를 뜻한다.

자기 사업을 하는 상속형 부자가 더 많아

2013년과 2018년을 기준으로 볼 때 상속형 부자나 자수성가형 부자의 비율은 큰 차이 없이 6:4의 비율이 유지된다. 시대가 변하면서 돈을 벌 기회가 훨씬 더 다양해진 듯하지만, 예나 지금이나 자수성가형 부자보다 상속형 부자가 더 많고, 오히려 소폭이긴 하지만 상속형 부자의 비율이 조금 더 늘었음을 확인할 수 있다.

(%)

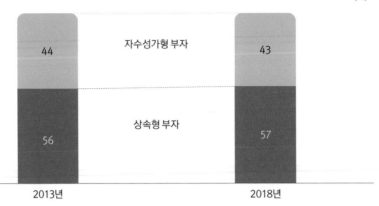

	2013년	2018년
자수성가형 부자	44	43
상속형 부자	56	57

자료: Korean Wealth Report 2014, 2019

2013년 자료를 직업별로 살펴보면, 자수성가형 부자의 경우 자영업이 22%로 가장 많았고, 의료·법조계 전문직(19%), 기업 경영자(17%), 기업체 임원(17%) 등의 순이었다.

반면 상속형 부자도 자영업이 23%로 가장 많았으나, 그다음으로 기업 경영자(21%), 회사원(15%), 의료·법조계 전문직(13%), 부동산 임대업자(11%) 순이었다.

자수성가형 부자는 상대적으로 의료·법조계 전문직과 기업체 임원이 많았고, 상속형 부자는 부동산 임대업자, 기업 경영자, 자영업자 등의 비중이 상대적으로 높았다.

부자의 기본 자질은 성실성

부자가 될 수 있었던 원인에 대한 자가 진단 결과를 보면, 상속형 부자와 자수성가형 부자는 약간의 차이를 보인다. 우선 상속형 부자와 자수성가형 부자는 모두 현재 부를 이룬 가장 근본적인 원인을 자신의 '성실성'에서 찾았다. 하지만 상속형 부자에서는 성실성이라고 응답한 비율이 30%, 자수성가형 부자에서는 40%로 확인돼 인식의 정도 차이가 있다. 자수성가형 부자가 상속형 부자에 비해 성실하게 살아온 자신에 대해 더 높게 평가했음을 짐작할 수 있다.

두 번째 원인에서는 상속형 부자와 자수성가형 부자의 생각이 엇갈린다. 상속형 부자는 자산 형성의 두 번째 요인으로 가족의 지원(23%)을 꼽은 반면, 자수성가형 부자는 재테크(26%)라고 대답했다. 상속형 부자는 당연히 가족의 지원이 밑거름이 되었다고 생각하고, 이를 기반으로 재테크를 통해 자산을 늘려왔다. 그러나 자수성가형 부자는 자신이 벌어들인 수입으로 재테크를 잘해서 부를 축적했을 뿐 아니라 강한 목표 지향적 사고를 가지고 노력한 결과 부자가 되었다고 생각한다.

▶ **상속형 부자의 상속자산 비율**

(%)

	2013년	2018년
10% 미만	12	18
10~20%	14	15
20~50%	46	36
50~80%	22	23
80% 이상	5	7

자료: Korean Wealth Report 2014, 2019

상속·증여자산의 양극화

상속형 부자 중 상속 자산 비중이 절반을 넘는 경우는 30% 정도이고, 상속 자산 비중이 2/3를 넘는 경우는 약 10% 수준이다. 이들은 내부분 30~40대라는 비교적 젊은 나이에 상속이나 증여를 받았다.

다만, 2013년과 2018년을 비교해보면, 최근 상속이 좀 더 양극화되는 경향을 보인다. 과거에는 상속형 부자의 절반 정도(46%)가 보유 자산 중 상속 자산의 비율이 20~50%라고 응답한 반면, 최근에는 그 비율이 36%로 하락했다. 대신 보유 자산 중 상속받은 자산의 비율이 10% 미만 소액이라는 응답이 과거보다 증가(12%→18%)했고, 특히 상속 자산이 보유 자산의 80% 이상을 차지한다는 응답은 더 높아져(5%→7%) 과거보다 아주 조금 받거나

▶ 상속형 부자의 상속 시기

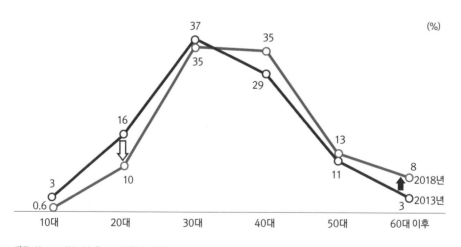

자료: Korean Wealth Report 2014, 2019

아주 많이 받는 특징을 보인다.

상속·증여의 시기는 점차 늦어져

상속·증여를 받는 시기는 점차 늦어지는 추세이다. 10~20대에 상속·증여를 받았다는 비율이 2013년에는 19%였으나 2018년에는 절반 가까이 감소하고, 50대 이후 상속·증여를 받은 비율은 반대로 1.5배 증가한 것으로 나타났다.

과거보다 수명이 길어지면서 상속 시기가 조금씩 늦어졌을 수 있지만, 부자들의 상속과 증여는 단순히 윗세대의 건강 상태나 수명 또는 오랫동안 자산을 유지하고 싶거나 후세대에 물려주고 싶은 심리적 욕구 등에 기반한 의사결정만은 아니다. 다음 절에서 상속의 특징이 어떻게 바뀌는지, 그 변화는 어떤 이유 때문인지 조금 더 자세히 알아보기로 하자.

08 ──────── 부의 이전 ②: 부 이전의 가속화

상속세와 증여세 납부금액은 상속 혹은 증여받은 금액에서 일정한 금액을 공제한 후 과세표준에 따른 세율에 따라 결정된다.

부자들은 공제 한도액과 현재 보유한 자산의 가치 상승을 고려하면서 자녀의 결혼 및 출산 등을 기점으로 사전 증여를 하는 등 상속·증여세를 줄이기 위한 종합적인 계획을 마련하기도 한다.

세금 부담이 커지면서 증여 수요도 증가

최근 들어 국세청에 신고된 상속재산가액 및 증여재산가액이 가파르게 증가하고 있다. 경제 성장에 따른 부의 증가로 상속이나 증여재산가액이 증가하는 것은 자연스러운 현상이지만, 최근에는 다른 요인들이 작용하고 있다.

먼저 증여재산가액과 신고 건수는 완만한 증가세를 보이다

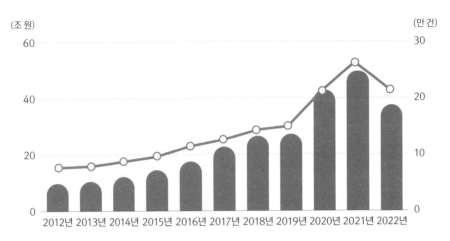

자료: 국세청

가 2020년부터 급증하는 모습을 보였다. 이는 종합부동산세 등 정책 요인이 크게 작용한 결과다. 부동산 가격이 크게 상승한 가운데 정부가 투기 차단, 공평 과세 차원에서 다주택자에게 무거운 세금을 부과한 바 있다. 실제로 종합부동산세 결정세액이 2019년부터 크게 증가해 2021년에는 전년보다 37%나 증가했다. 세금 부담이 커진 만큼 증여 수요가 증가한 것이다.

다주택자에게 종합부동산세 납부를 피하거나 줄이기 위한 수단으로 똘똘한 집 한 채를 남기고 나머지는 매각하는 전략이 유효하다는 인식이 확산되었다. 그러나 부동산을 다수 보유하고 있는 부자들은 똘똘한 '한 채'가 아니라 똘똘한 '여러 채'를 가지고 있기 때문에 향후 가격 상승이 예상되는 부동산을 매각하는 것보다 자녀 등에게 증여하는 쪽을 선택했다. 사전 계획에 없

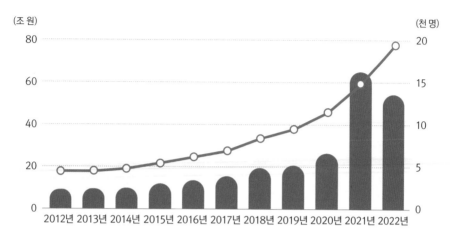

■ 상속재산가액(좌)　─○─ 피상속인 수(우)

(조 원)　　　　　　　　　　　　　　　　　　　　　(천 명)

자료: 국세청

거나 계획보다 훨씬 이른 시기에 증여하면서 증여재산가액이 급
증한 것이다.

　상속재산가액도 최근 몇 년 사이 가파르게 증가했다. 이는
불행히도 팬데믹 영향에 따른 고령층 사망자 수 증가와 관련이
있다. 그리고 삼성 재벌가의 상속 개시 영향도 매우 컸다.

　앞서 살펴본 2018년까지의 상속·증여 추세 이후, 현재 부자
들에게 해당 여부를 확인한다면 상속형 부자의 비율은 과거보
다 더 증가하고 보유 자산 중 상속 자산의 비율은 더 높아졌을
것으로 예상된다. 상속·증여를 받은 연령대의 경우, 절세를 위
한 증여 물량이 증가하면서 아직까지 수령 비율이 낮았던 저연
령층의 수령 비율이 상대적으로 더 높아졌을 수 있다. 그리고
선 세대인 고령층 사망에 따라 50대 이상의 상속률 또한 가파

	현금·예금	부동산(주거용)	주식·채권·펀드	부동산(상업용, 기타)	보험	금, 귀금속, 예술품 등 현물 자산	신탁 상품	사업체 경영권
2019년	63	31	12	33	5	7	3	6
2020년	63	43	20	22	22	12	4	4
2021년	63	44	23	22	20	15	5	4
2022년	67	45	17	24	21	10	6	4

자료: Korean Wealth Report 각 호

른 증가세를 보였을 것으로 예상된다.

부의 이전 수단이 부동산에서 현금자산으로

10여 년 전, 부자가 증여와 상속을 위해서 고려하는 자산의 1순위는 부동산이었다. 2011년 조사에서 부자의 절반 이상은 증여 및 상속 자산으로 부동산(57%)을 선호하고, 그다음 순위로는 현금과 예금(38%), 주식, 채권, 펀드와 같은 유가증권(13%), 사업체 경영권(8%)을 언급했다. 한국 사회는 유독 부동산을 기반으로 부를 쌓아온 부자가 많고, 부자가 보유한 자산 중 가장 큰 비중을 차지하는 것 역시 부동산이기 때문에 증여 및 상속에 있어서도 부동산을 자연스럽게 선호했던 것으로 보인다.

그러나 최근에는 부를 이전하는 방법으로 현금과 예금을 우선적으로 고려하는 비율이 높아졌다. 2022년 기준 '가족을 대상으로 증여하기를 희망하는 자산'을 살펴보면, 현금과 예금(67%), 주거용 부동산(45%), 상업용 부동산(24%), 주식·채권·펀드

(17%) 등의 순서로 확인되어, 현금과 예금을 물려주겠다는 응답 비율이 부동산보다 현저히 높아진 것을 확인할 수 있다.

상속·증여 수단의 다양화

최근 몇 년 사이에도 증여를 희망하는 자산의 응답 비율이 다소 달라졌는데, 현금과 예금, 주거용 부동산을 선호하는 비율은 3년 전과 비교할 때 더욱 커졌고, 신탁상품을 이용하겠다고 응답한 비율도 계속 증가하는 추이를 보이고 있다. 국내에서도 다양한 신탁상품이 출시되고 있는 가운데, 개인이 소유한 부의 수준이 큰 폭으로 증가하고 전문적인 자산관리를 원하는 수요층이 늘어나고 있어서 신탁상품에 대한 관심과 가입 의향은 향후 지속적으로 확대될 것으로 보인다.

주식·채권·펀드로 증여할 의향이 있는 부자의 비율은 주식시장의 변동성에 따라 시기별로 차이가 있다. 주식의 자산가치가 상승했던 2021년에는 23%의 부자가 유가증권을 증여하겠다고 응답했으나, 2022년에는 주식시장이 침체되면서 같은 답변을 한 부자의 비율이 16%로 크게 줄었다.

귀금속, 예술품 등 현물자산을 증여 수단으로 고려하고 있는 부자의 비율 역시 시장 유동성이 좋았던 2021년 조사에서는 15%로 2년 전에 비해 큰 폭으로 상승했으나, 2022년에는 10%로 하락했다. 부자는 특정 자산의 가치가 상승할 것으로 기대되는 시기에는 가족 증여 수단으로 해당 자산을 증여하려는 태도가 더욱 강해지는 듯하다.

"요즘 부자는 자녀에게 부동산을 물려주면 자녀끼리 매각 시점이나 자산운용과 관련된 사항에서 의견이 일치하지 않을 때 갈등을 겪게 될 우려가 있어서 부동산보다는 현금자산을 증여하려는 의지가 이전보다 강했습니다."

(PB 인터뷰 중에서)

"건물주 자녀라고 할지라도 임차인 관리의 어려움, 본인이 원하는 장소에서 편안한 일상을 영위하고 싶은 욕구 등의 이유로 건물을 직접 받기보다 현금을 더욱 선호하는 경우가 있습니다."

(PB 인터뷰 중에서)

제2장

부자의 투자법

부자들이 형성한 부의 자산 포트폴리오가 일반인과 어떻게 다른지는 항상 관심의 대상이 되어왔다. 또한, 부의 증식을 위한 부자들의 자산운용 방식, 특히 금융위기나 팬데믹과 같은 사회·경제적 위기를 기회로 바꾸는 부자들의 투자 대처법이나 사례는 일반인에게 자산관리의 모범답안으로 인식되곤 한다.

여기서는 부자의 포트폴리오 변화를 살펴보고, 특히 팬데믹 동안 어떻게 대응했는가를 알아본다. 투자 관점에서 팬데믹 기간을 금융 환경 기조가 바뀐 2022년을 기준으로 2020년에서 2021년까지를 '팬데믹 1기', 그리고 2022년을 '팬데믹 2기'로 구분한다. 팬데믹 1기(2020~2021년)에는 안전자산에서 투자자산으로 '머니 무브' 현상이 나타났고, 팬데믹 2기(2022년)에는 금리 인상과 함께 안전자산인 예금으로 쏠리는 '역머니 무브' 현상이 나타난 바 있다.

마지막으로 자산 포트폴리오의 가장 큰 축인 부동산과 주식에 대한 부자의 투자 방식과 비결을 알아보자.

부자의
포트폴리오

01 ········· 국내 부자와 해외 부자의 자산 포트폴리오

부자의 포트폴리오를 보면 전반적으로 부동산이 높은 비중을 차지한다. 2016년 기준으로 부동산과 금융자산의 비중은 50:50이었으나 2019년을 제외하고 부동산 비중은 꾸준히 증가해왔다. 특히, 2021년에는 부동산 비중이 59%에 이르기도 했다.

2022년 기준으로 한국 부자들의 전체 자산 포트폴리오를 자세히 살펴보면, 부동산이 총자산의 절반 정도(55%)를 차지하고, 현금, 예금 등 현금성 자산(21%)과 주식(7%)이 28% 남짓이다. 그 외 나머지는 보험·연금, 신탁, 실물자산(14%) 등으로 구성된다. 부동산이 총자산의 64%가량을 차지하는 일반인에 비해 부자는 부동산 비중이 낮고 금융자산 비중이 더 높은 편이다.

국내 부자는 부동산을 해외 부자의 3~4배 수준으로 보유

하지만 국내 부자의 부동산 비중은 다른 나라 부자에 비하

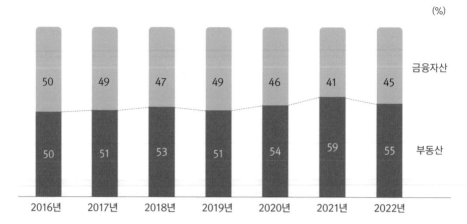

주: 2022년 금융자산에는 회원권, 귀금속, 예술품 등 자산 2%를 포함
자료: Korean Wealth Report 각 호

면 여전히 매우 높은 수준이다. 해외 부자의 경우 부동산이 차지하는 비중이 평균 15%인데, 이는 국내 부자의 기타 자산 비중 정도에 불과하다. 북미와 유럽 지역 부자의 부동산 비중은 평균 10%대로 국내 부자의 부동산 비중에 비해 3~4배 낮은 수준임이 확인된다.

국내 부동산은 지난 수십 년 동안 가격이 꾸준히 올랐고 단독주택보다 매매하기가 쉬워 선호도가 높은 아파트를 중심으로 자산증식 수단으로 각광을 받아왔다. 이와 같은 이유로 국내 부자가 해외 부자에 비해 부동산 비중이 높은 것으로 해석된다.*

---

* 한국은행, 「자산으로써 우리나라 주택의 특징 및 시사점」, 2022. 5.

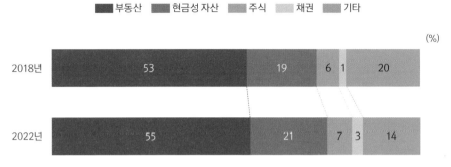

자료: Korean Wealth Report 2019, 2023

▶ 해외 부자*의 자산 포트폴리오

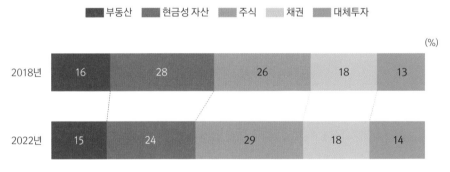

자료: Capgemini(https://worldwealthreport.com/key-highlights.html)

국내 부자와 해외 부자의 또 다른 차이는 현금 보유 비중이다. 해외 부자의 현금성 자산 비중은 2022년 기준 평균 24%로 국내(21%)보다 높게 유지된다.

---

* 해외 부자는 전 세계 기준으로 금융자산 100만 달러를 보유한 부자를 의미한다.

2018~2021년 사이 주식시장 호황에 따라 해외 부자의 현금성 자산 비중이 4%p 감소하고 해당 자산이 주식으로 이동하면서 국내 부자와의 현금성 자산 비중 차이가 다소 좁혀지기는 했지만, 여전히 해외 부자는 현금성 자산 비중을 한국보다 높게 유지하는 편이다.

부동산 비중을 높게 유지할 필요가 없는 해외 부자들은 더 많은 유동자금으로 적극적인 투자 및 금융거래를 할 수 있는 것으로 보인다.

국내 부자와 해외 부자의 큰 차이는 채권 보유 비중

마지막으로 해외 부자의 자산 포트폴리오에는 상당 부분의 채권이 포함되어 있다. 해외 부자는 평균적으로 총자산의 18%를 채권으로 보유하고 있다. 이는 부동산 비중(15%)보다도 높은 수준이다. 부자는 부의 증식에도 관심이 있지만 무엇보다 자산을 잃지 않고 지키는 것을 중요하게 생각하기 때문에 자산의 일부를 다른 투자자산에 비해 상대적으로 안전한 채권에 투자한다. 특히 채권은 상속·증여와 관련하여 세제 측면에서 활용이 가능하다.

그러나 국내 부자의 자산 포트폴리오에서 채권이 차지하는 비중은 단 1%(2018년 기준)에 불과하다. 2018년 이후 2021년까지 채권 비중이 변하지 않았으나, 2022년 들어 채권에 대한 관심이 높아져 3% 수준으로 증가하였다. 그럼에도 불구하고 해외 부자에 비해 채권투자에 관심이 매우 낮은 편이다.

이와 같이 부자들의 투자 모습은 국가에 따라 자산 구성 및 운영 방법(비중)에 차이를 보였다. 상대적으로 한국은 부동산, 북미는 주식 등 투자자산에 집중된 경향이 있고, 유럽은 부동산을 비롯해 주식·채권 등 금융자산의 포트폴리오가 균형을 갖춘 것이 특징적이다.

02 ·············· 부동산은 똑똑한 주택,
금융투자는 간접투자 위주

부자의 자산 중 부동산 비중이 크게 바뀌지 않는 이유는 보유하고 있는 부동산이 대체로 '똑똑한(입지가 좋고 가격 방어에 유리한)' 부동산이기 때문이다. 부자는 주택 매매 시 좋은 위치에 있는 부동산을 구매하기 때문에 부동산 가격이 오를 때에는 크게 오르고, 내릴 때에는 크게 영향을 받지 않는 장점을 누린다. 또한, 이들은 충분한 자금을 확보하고 있기 때문에 부동산 시장이 좋지 않을 때에도 쉽게 매도하지 않고 시장을 관망할 수 있는 여유를 가지고 있다.

부자에게 부동산은 자산을 안정적으로 유지하고 보존하는 수단이 되어왔다. 또한, 부동산 가격이 꾸준히 증가해왔다는 점에서 다른 자산에 비해 더 높은 투자수익률을 확보할 수 있다고 생각한다.

부자는 평생 동안 부동산을 평균적으로 다섯 번 매수하고

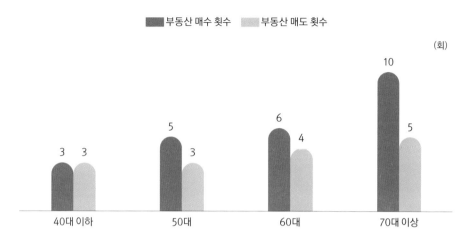

▶ 부자의 부동산 거래 횟수

■ 부동산 매수 횟수　■ 부동산 매도 횟수

(회)

자료: Korean Wealth Report 2023

세 번 정도를 매도했다. 연령별로 보면 나이가 많을수록 부동산 거래 횟수가 커지는데, 특히 70대 이상의 부자는 다른 연령대에 비해 유달리 부동산 거래 경험이 많고 선호도가 높은 것으로 나타났다. 물론 살아온 세월과 부동산 매매 경험이 비례할 수 있지만 근로소득을 확보하기가 점차 어려워지는 노년기에 자녀 결혼, 증여 또는 정기 수입원 확보 등의 현금 수요가 높아짐과 동시에 부동산 조정의 필요성이 커질 시기라는 점을 감안하여 다소 많은 부동산 매매 횟수를 이해할 수 있다.

직접투자보다 안정적인 간접투자를 선호

한편 금융자산 투자에 있어 부자들이 잃지 않는 투자를 한다는 점에서 주식, 파생상품, 가상자산과 같은 위험한 자산에는 투자를 꺼려하는 편이다. 물론 투자 성향에 따라 또는 개인

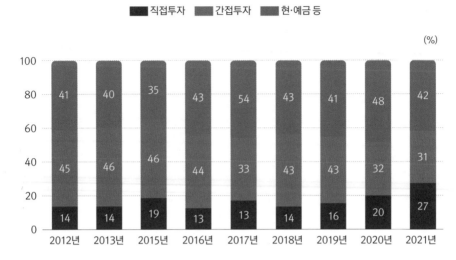

주: 직접투자는 주식, 간접투자는 펀드·신탁과 연금·보험을 포함함
자료: Korean Wealth Report 각 호

의 경험, 시장 환경 등에 따라 다르며 변하기도 하지만 일반적으로는 주식 등 직접투자보다 상대적으로 펀드·신탁, 보험·연금 등 안정성이 높은 간접투자를 선호한다. 실제로 팬데믹 이전까지 약 10여 년간 금융자산 중 주식에 투자한 비중은 13~19%인 반면, 펀드·신탁과 보험·연금은 31~46%를 차지하였다. 이 중 보험·연금은 12~20% 정도로 꾸준히 유지되었으며 펀드·신탁은 19~27%의 비중을 보였다. 특히 신탁은 중위험-중수익을 특징으로 하는 파생결합상품인 ELT(Equity Linked Trust, 주가연계신탁)가 부자들이 선호하는 상품 중의 하나였다.

이러한 간접투자 선호 현상은 팬데믹을 거치면서 약간의 변화가 발생한다. 금융자산 중에서 주식투자 비중이 20%를 넘기 시작한 것이다. 2019년 16%에 불과했던 직접투자 비중이 2021년 27%까지 증가했다. 부자의 주식투자와 관련해서는 '주식편'에서 자세히 설명하기로 한다.

03 ·············· 금융자산 100억 원 이상을 가진
부자의 투자 변화

부자일수록 부동산보다 금융자산 비중이 높다

더 큰 부자일수록 총자산에서 부동산이 차지하는 비중이 낮다. 안전자산으로서 주택과 상가 등의 건물을 보유하고 나면 금융자산 중심으로 자산을 축적해나가는 경향이 있다. 2013년부터 2021년까지 금융자산 규모를 100억 원 이상, 50억~100억 원 미만, 30억~50억 원 미만, 10억~30억 원 미만으로 구분해서 비교해보면 뚜렷한 차이를 알 수 있다.

우선 금융자산 100억 원 이상을 보유한 부자의 경우, 총자산 중 부동산 비중이 2017년 43%였으나 2020년 이후 30%대로 낮아지고, 2022년에는 26%까지 감소세를 보였다. 반면, 금융자산 10억~30억 원 미만을 보유한 부자들의 경우에는 2017년부터 2019년까지 부동산 비중이 50% 이상 유지되다가 2020년에 들어서면서부터 60%를 훌쩍 넘어 2022년까지 유지되는 모습이다.

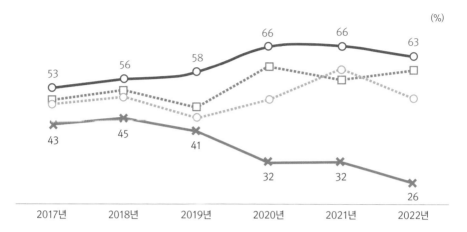

자료: Korean Wealth Report 각 호

　　또한, 2021년 기준으로 금융자산 100억 원 이상 부자들의
주식과 펀드 비중은 각각 29%, 11%이고, 10억~30억 원 미만을
보유한 부자는 각각 6%, 5%에 머물렀다. 부자들 중에서도 금융
자산이 많을수록 주식 등 직접투자 관련 금융자산 비중이 더
높았다.

　　흥미로운 점은 2019년에서 2020년에 오직 100억 원 이상 부
자에서만 부동산 비중이 감소했다는 점이다. 그리고 같은 시기
그들의 주식 비중은 15%에서 35%로 2.5배 급증했다.

　　즉, 100억 원 이상 부자들이 부동산 규모를 일부러 줄인 것
이 아니라 주식 비중 확대의 반사효과로 부동산 비중이 감소하
는 것처럼 보일 수 있었다는 뜻이다. 해당 시점은 팬데믹으로 인

▶ 금융자산 100억 원 이상 보유 부자의 자산 포트폴리오

(%)

	2017년	2018년	2019년	2020년	2021년	2022년
부동산	43	45	41	32	32	26
현금·예금	18	20	22	24	14	43
펀드	17	14	13	3	11	6
주식	13	11	14	35	29	13
채권	1	3	5	1	2	5

▶ 금융자산 50억~100억 원 보유 부자의 자산 포트폴리오

(%)

	2017년	2018년	2019년	2020년	2021년	2022년
부동산	49	51	45	50	59	51
현금·예금	20	21	22	16	14	16
펀드	15	13	16	10	6	7
주식	10	8	9	11	10	9
채권	1	1	2	2	2	4

▶ 금융자산 30억~50억 원 보유 부자의 자산 포트폴리오

(%)

	2017년	2018년	2019년	2020년	2021년	2022년
부동산	50	53	48	60	56	59
현금·예금	17	20	22	16	21	18
펀드	18	15	14	6	6	6
주식	8	5	8	7	8	6
채권	1	1	3	2	1	2

▶ 금융자산 10억~30억 원 보유 부자의 자산 포트폴리오

(%)

	2017년	2018년	2019년	2020년	2021년	2022년
부동산	53	56	58	66	66	63
현금·예금	19	18	18	15	15	17
펀드	16	15	12	6	5	5
주식	6	5	5	5	6	5
채권	1	1	1	1	1	2

자료: Korean Wealth Report 각 호

해 전 세계 금융시장이 크게 출렁이기 시작한 바로 직전이다. 이후 얼마 지나지 않아 주식시장은 큰 호황을 누리게 된다.

금융자산 100억 원 이상 부자는 주식투자를 선호

일반적으로 금융자산이 많을수록 보수적 투자 성향이 높아지고 기대수익률이 낮아진다고 알려져 있는데, 실제 자산 배분을 보면 금융자산 100억 원 이상을 보유한 부자가 고위험 고수익을 추구하는 주식 보유 비중이 가장 높았다. 이는 금융자산 100억 원 이상을 가진 부자는 투자자금의 여력뿐만 아니라 관련 지식이 높고 직접투자에 유리한 소위 고급 정보에도 쉽게 접근할 수 있기 때문으로 이해된다. 물론 기업체를 운영하는 부자의 경우 본인 소유의 지분가치가 증가함에 따라 자연스럽게 주식 비중이 높아졌을 수도 있다.

04 ········· 부자는
언제 포트폴리오를 바꾸나?

일반적으로 사람들은 대체로 개인의 삶에서 특별한 사건이 발생할 때 자산 포트폴리오를 바꾸는 경우가 많다. 사회생활을 시작하면서 시드머니(seed money)를 모으기 시작하고 결혼을 하는 시점에 거주주택이 필요해서 전세보증금 대출 또는 주택담보 대출을 받는다. 그러다 자녀 교육 목적이나 직장 이전에 따라 이사를 하며 주택 구입을 고려한다. 또한, 자녀의 결혼 시점에 부모가 본인이 거주하던 집을 팔거나 대출을 받아 자녀의 결혼 비용과 거주 비용을 마련해주는 일도 흔히 볼 수 있다. 한편 가족 구성원의 중대한 질병과 상해가 자산 포트폴리오에 영향을 주는 이벤트가 되기도 한다.

부자도 일반인과 마찬가지로 인생의 중요한 이벤트에 따라 자산 구성을 변경한다. 이때에는 세무사 또는 은행 PB와 같은 외부 전문가에게 자문을 구하기도 하고, 가족 구성원들과 자산

제2장 부자의 투자법

을 어떻게 처리할지 의논한 뒤, 종합적인 판단을 통해 자산 포트폴리오를 조정한다.

자산 증식보다 잃지 않는 투자에 관심

그럼, 부자들이 라이프사이클에 따라 자산 포트폴리오를 어떻게 변경하는지 이해하기 위해 연령별 자산 포트폴리오를 우선 알아보자.

부동산 비중은 50대에 절정을 보이다가 이후 점차 감소해 80대 이상이 되면 절반 미만으로 줄게 된다. 리스크가 큰 주식자산의 비중 또한 50대에 9%였던 것이 80대 이상에서는 4%로 줄어 타 연령 대비 가장 낮은 비중을 기록한다.

대신 이 시기에 펀드·신탁이나 예금처럼 상대적으로 손실 위험이 적거나 없고 정기적인 수익을 확보할 수 있는 안정적 금융자산의 비중이 35%로 크게 높아진다. 이 수치는 50대의 펀드·신탁과 현금·예금 비중(16%)의 2배가 넘는 수준이다.

이와 같이 노년기가 되면 대체로 공격적인 투자에서는 상당 부분 손을 떼고 마음 편하게 현금·예금 등 안전자산의 비율을 늘리려는 경향을 보인다. 큰 수익을 위해 리스크를 감수하기보다 그동안 힘들게 쌓아온 재산을 잃고 싶지 않기 때문이다. 한편 80대 이상의 부자들이 부동산 비중을 줄이는 원인 중의 하나로 상속 시 부동산 문제로 인해 자녀들 사이에 분쟁이 생기는 것을 원하지 않아서 가급적 부동산을 매각하여 정리하고 현금으로 증여하려는 수요도 큰 편이라고 한다.

▶ 연령대별 자산 포트폴리오 비교

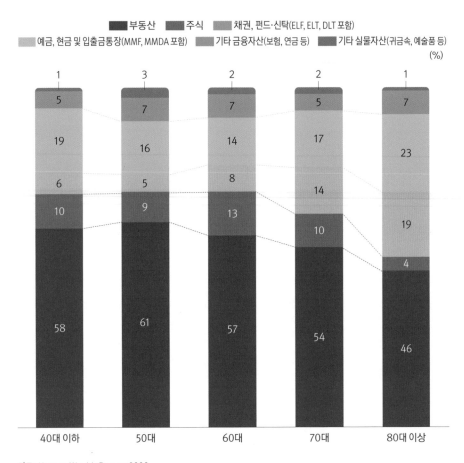

자료: Korean Wealth Report 2022

라이프사이클뿐만 아니라 정부 정책 변화에도 민첩하게 대응

부자가 자산 포트폴리오를 변경하는 시점은 일반인과 다를 수 있다. 앞서 언급했듯이 부자는 자산 증식보다 잃지 않는 것을 더 중요하게 생각한다. 그렇기 때문에 부자들이 보유한 자산과 관련된 세제 변화는 외부 변수에 의해 자산 규모가 변할 수

제2장 부자의 투자법

있다는 점에서 민감하게 반응할 수밖에 없다. 부자가 자산 포트폴리오에 변화를 주는 시기는 개인의 인생사뿐만 아니라 정부에서 발표하는 각종 정책이 중요한 변수가 된다.

최근 몇 년 사이 강남 지역에서 부동산 관련 증여가 늘어난 것도 이와 무관하지 않다. 많은 부자는 자녀의 결혼 여부와 상관없이 부동산 가격이 더 오르기 전에 가급적 적은 과세표준을 적용하여 증여하는 것이 유리하다고 판단했기 때문이다.

2015년과 2016년만 하더라도 부자는 현금이 확보되면 본인이 거주하는 지역 근처에서 여러 채의 아파트를 사서 -자녀가 옆에 살기를 바라는 마음으로- 한 채씩 자녀에게 주고 싶어 했으나, 종부세 부담이 커지는 등의 세제 변화로 인해 이러한 현상이 줄었다.

종합하면, 부자들이 라이프사이클에 따라 포트폴리오를 조정하려는 심리 그리고 조정해야 할 필요성은 일반인과 크게 다르지 않겠지만, 정부 정책 등 외부 환경 변화에 훨씬 민첩하게 대응하는 것은 이들이 보유한 자산의 손실 가능성을 최대한 방어하려는 노력의 일환인 것이다.

05 ············ 불확실성의 시대,
부자는 어떻게 투자했나?

부자는 팬데믹 위기에서도 잃지 않는 투자를 했다

팬데믹은 부자들에게 위기였을까, 기회였을까? 그리고 3년이 지난 현재, 투자 결과는 어떠할까?

팬데믹(2020~2022년) 기간 동안 자산이 10% 이상 증가한 경우를 살펴보면 100명 중 29명의 부자가 이에 해당한다. 일반인은 12명인 점과 비교하면 2.4배나 높다.

특히 부자는 팬데믹 위기에서도 잃지 않는 투자를 했다는 점이 주목할 만하다. 팬데믹 동안 자산이 감소한 부자의 비율은 10%가 채 되지 않은 반면, 동일한 시기에 일반인의 24%가 자산이 감소됐다. 자산이 10% 이상 감소했다는 비율을 보면 일반인은 11%인 반면, 부자는 3%에 지나지 않는다.

부자가 일반인에 비해 더 많이 벌고 더 적게 잃은 이유는 무엇일까?

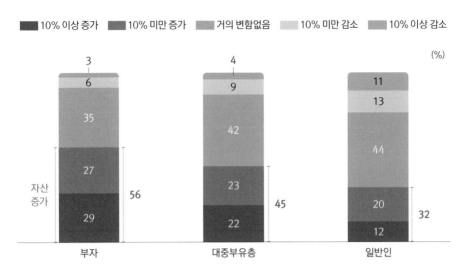

자료: Korean Wealth Report 2022

먼저 팬데믹 이전과 팬데믹 이후 부자의 금융자산 포트폴리오에서 답을 찾을 수 있다. 2019년에는 현금·예금 비중이 가장 많은 41%를 차지하고, 그다음으로 펀드·신탁과 주식 비중이 각각 28%, 16%였다.

불확실성에 대응하기 위해 유동자금 확보

팬데믹 기간 동안 부자는 금융자산 포트폴리오를 상당히 큰 폭으로 조정했다. 우선 팬데믹으로 인한 불확실성에 대응하기 위해 2020년에는 현금·예금 비중을 늘려(41%→46%) 유동자금을 확보하고, 주가가 상승하면서 펀드·신탁과 같은 간접투자 비중을 줄이는(28%→15%) 대신에 주식 비중을 확대했다(16%→20%).

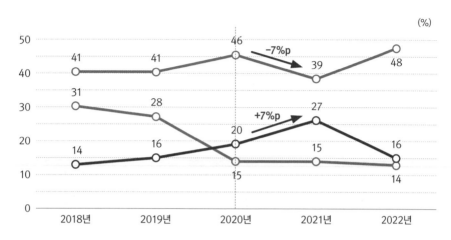

▶ 팬데믹 전후 부자의 금융자산 포트폴리오 변화

─○─ 주식 ─○─ 펀드·신탁 ─○─ 현금·예금

자료: Korean Wealth Report 각 호

    그다음 해인 2021년에도 주식시장이 호조를 보이면서 부자는 주식 비중을 2020년에 비해 대폭 늘렸다. 현금·예금 비중을 39%로 2020년 대비 7%p 줄이고, 그만큼 주식 비중을 더 늘린 것이다. 그 결과 2021년에 부자의 주식 비중은 27%까지 확대되고, 평균 주식 보유액만 8억 2,900만 원에 달하게 됐다.

    10%p 이내에서 움직이는 자산 포트폴리오의 비중 변화가 뭐 그리 대수인가 할 수 있지만, 부자가 보유한 금융자산이 수십억 원임을 감안할 때 단 몇 %의 변화에도 억 단위의 자산이 움직이게 된다. 그리고 부자일수록 한 번의 투자로 큰 수익을 얻기보다 실패하지 않는 투자를 통해 꾸준한 수익을 거두는 것을 중시한다는 점을 전제로 보면 팬데믹 위기에서 자산의 변화는 상당히 신속하게, 큰 폭으로 일어났다.

"팬데믹 기간 투자의 확장성이 커졌습니다. 여러 투자상품에 관심을 돌리기 시작했고, 보수적으로 투자하는 분들도 주식과 같은 위험자산에 대한 선호도가 확실히 높아졌음을 느낍니다. 특히 미국 주식시장에 투자했던 분의 만족도가 높았습니다."
(PB 인터뷰 중에서)

그렇다면 팬데믹 3년차, 거듭된 기준금리 인상과 경기 침체에 대한 불안감이 팽배해진 팬데믹 2기(2022년)에 부자들의 금융자산 포트폴리오는 또 어떻게 변화했을까?

"작년까지 자산가격 상승의 축제를 즐겼다면, 이제 차분해진 모습입니다. 예금의 매력도가 높아졌고, 자금은 3개월 만기 상품 쪽으로 이동하고 있습니다."
(PB 인터뷰 중에서)

"지금은 채권, 예금 등 안전자산 쪽으로 관심이 많이 이동했습니다. 2023년 역시 경기 침체가 예상되면서 특히 달러 보유 욕구가 커졌습니다."
(PB 인터뷰 중에서)

2022년을 회고하는 PB의 인터뷰에서도 알 수 있듯이 예금, 채권 등 안전자산으로 부자의 관심이 이동했다. 2022년에 주

자료: 한국은행

가 하락과 함께 주식 비중이 27%에서 16%로 크게 감소한 반면, 현금·예금 비중은 팬데믹 시기보다도 더 높아졌다. 1년 만기 신규 정기예금 금리가 2021년 1.00% 이하였으나 2022년 11월 4.95%까지 상승하면서 부자는 신속하게 포트폴리오를 전환한 것이다.

06 ········ 팬데믹 시기,
주식을 바라보는 자세가 달랐다

일반인보다 과감하고 선제적으로 시장에 반응

팬데믹 이후 주식거래 활동계좌(계좌에 자산이 10만 원 이상이면서 최근 6개월간 한 차례 이상 거래가 있는 계좌)가 2020년 3월 3,000만 개에서 2021년 3월 4,000만 개, 2022년 3월 6,000만 개로 폭발적으로 증가했다. MZ세대의 투자에 대한 관심이 고조되면서 주식시장은 활황을 이어갔다.

2018년 이후 주식시장의 호황 분위기에 따라 일반인(국내 가계)의 주식 보유 비중은 2018년 15%에서 2021년 20%까지 상승했다. 부자도 이 기회를 놓치지 않고 주식 보유량을 늘렸는데, 주식 보유 비중의 상승폭이 일반인에 비해 현저히 컸다. 부자의 금융자산 중 주식 보유 비중은 2018년 14%였다가 2021년 27%까지 상승했다.

바로 이 점이 부자가 주식을 대하는 자세를 보여주는 단면

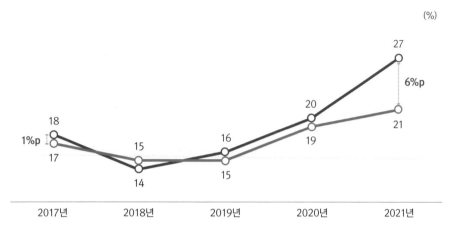

자료: 한국은행, Korean Wealth Report 각 호

이라고 판단된다. 2017년부터 2020년까지 부자와 일반인에서 보유한 주식 비중의 차이는 1%p로 크지 않았지만, 2021년에는 6%p까지 벌어졌다.

보유한 금융자산이 많을수록 주식 비중이 높다

한편, 부자들이 보유한 금융자산 규모별로 더 세분해서 주식 비중의 변화를 살펴보면 또 한가지 특징을 발견하게 된다. 보유한 금융자산이 많을수록 주식 비중이 높다는 점이다.

특히, 금융자산 100억 원 이상을 가진 부자는 팬데믹 시기에 주식 비중이 큰 폭으로 증가했다. 이들의 주식 비중은 2019년 14%에서 2020년 35%로 2배 이상 치솟았다. 금융자산 100억

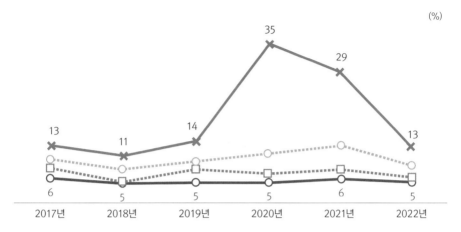

▶ 보유한 금융자산 규모별 주식 비중의 추이

— ◯— 10억~30억 원 ·□· 30억~50억 원 ·◯· 50억~100억 원 — ✕— 100억 원 이상

(%)

35

29

13

14

13

11

6

5

5

5

6

5

2017년 2018년 2019년 2020년 2021년 2022년

주: 총자산(부동산 포함)에서 주식이 차지하는 비중
자료: Korean Wealth Report 각 호

원 미만인 부자는 주식 비중을 10% 미만으로 보유하고 있는데, 이들과는 차이가 있다.

자세히 보면 금융자산 50억 원 미만을 가진 부자는 2019년과 2020년에 주식 비중의 차이가 거의 없다가 2020년과 2021년 사이에 소폭 증가했다. 이들은 전반적으로 금융자산 100억 원 이상을 가진 부자보다 1년 늦은 움직임을 보였다.

팬데믹 1기(2020~2021년) 동안 주가 상승 조짐이 보이는 시점부터 금융자산 100억 원 이상을 가진 부자의 투자는 주식에 집중됐고 이후 이들이 보유한 주식 가치가 크게 증가했을 것으로 추정된다. 이들이 불확실한 투자 환경 속에서도 얼마나 과감하고 선제적으로 대처했는가를 여실히 보여주는 결과이다. 같은 부자라고 하더라도 100억 원 이상을 가진 부자의 투자 의사결정은 타의 추종을 불허했다.

07 ⸺⸺ 수익을 내는
부자의 포트폴리오 비밀

팬데믹 직후 적극적으로 자산 포트폴리오를 바꿨던 부자들이 그렇지 않은 부자보다 더 높은 수익률을 기록했다. 팬데믹 1기(2020~2021년) 동안 자산 포트폴리오에 변화가 있었다는 부자들은 43%였고, 이들 중 고수익(수익률 10% 이상)을 기록한 부자는 31%에 달한다.

반대로 당시 자산 포트폴리오에 변화를 주지 않았던 57%의 부자 중에서 수익률의 변화가 거의 없었다는 응답이 절반 정도로 가장 많았다. 이들 중 10% 이상 고수익을 얻은 부자는 22%에 그쳐 포트폴리오를 변경한 부자보다 10%p 낮게 나타났다. 포트폴리오를 바꾸지 않더라도 부자들은 쉽게 자산을 잃지 않지만 변화에 민감하게 대응하지 않을 경우 수익을 확보하는 데 한계가 있음을 보여준다.

▶ 팬데믹 기간 부자의 자산 포트폴리오 변화 여부와 수익률 ─────

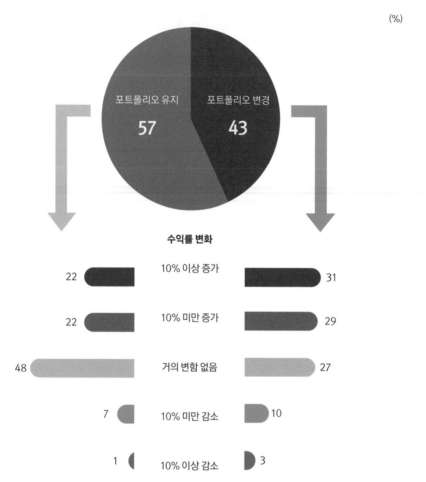

(%)

포트폴리오 유지
57

포트폴리오 변경
43

수익률 변화

	10% 이상 증가	
22	10% 이상 증가	31
22	10% 미만 증가	29
48	거의 변함 없음	27
7	10% 미만 감소	10
1	10% 이상 감소	3

자료: Korean Wealth Report 2022

금융자산의 40%를 유동성 자산*으로 유지

또한, 팬데믹 직후 부자들은 유동성 자산을 46%까지 확대한 후 새로운 투자 재원으로 활용했다. 부자들이 이렇게 적극적으로 대응할 수 있었던 것은, 그들은 늘 필요한 순간 투자할 수 있는 유동성 자산이라는 무기를 가지고 있기 때문이다.

2021년뿐만 아니라 2008년부터 조사해온 바에 따르면, 부자는 현금·예금과 같이 빠른 시간 안에 현금화할 수 있는 유동성 자산을 금융자산의 40% 내외로 유지한다.

다음 그림에서 보듯이 2010년과 2020년에 유동성 자산 비중이 증가한 이유는 글로벌 금융위기와 팬데믹을 겪으면서 현

▶ 금융자산 중 유동성 자산 비중 추이 ─────────

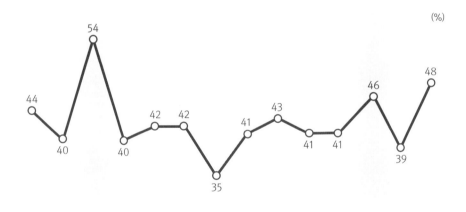

(%)

44　40　54　40　42　42　35　41　43　41　41　46　39　48

2008년 2009년 **2010년** 2011년 2012년 2013년 2015년 2016년 2017년 2018년 2019년 **2020년** 2021년 2022년

자료: Korean Wealth Report 각 호

＊ 유동성 자산이란 상대적으로 작은 가격 변동으로 짧은 기간에 매매를 통해 손실 없이 현금으로 전환할 수 있는 자산을 의미한다.

금을 확보하려는 의지가 반영된 것으로 해석된다. 국내외를 막론하고 부자는 위기 상황이 닥치면 유동성 자산을 확보하려는 경향을 보여왔다.

이러한 유동성 자산은 팬데믹과 같은 위기가 왔을 때 안전망 역할을 하기도 하고, 필요시 투자수익을 극대화시키는 재원으로 활용되기도 한다.

그렇다면 결과적으로 부자의 수익률에 가장 긍정적인 영향을 준 자산은 무엇일까?

팬데믹 기간에 10% 이상 수익을 거둔 부자는 자산 증식에 가장 긍정적 영향을 준 첫 번째 자산으로 부동산(57%), 그다음으로는 주식(16%)을 선정했다. 그 이유는 자산 포트폴리오에 있다. 부자는 팬데믹이 발생하자 경기가 좋아지지 않을 것으로 전망해서 2020년에는 상업용 부동산 비중을 줄이고 주택 비중을 늘렸다. 그런데 팬데믹 1기(2020~2021년) 동안 풀린 유동성으로 서울 아파트 가격이 33%나 오르면서 부자의 부동산 비중도 팬

"팬데믹이 기회가 되었다는 건 결과론적인 이야기이기도 합니다. 팬데믹 초기엔 건강과 관련한 공포심이 팽배했고, 이를 투자 기회로 여기긴 어려운 상황이었습니다. 하지만 팬데믹이 진행되면서 주식과 부동산 등 자산가격이 급등했고, 그때 현금성 자산을 많이 보유한 분들은 변화에 발 빠르게 대응했습니다."
(PB 인터뷰 중에서)

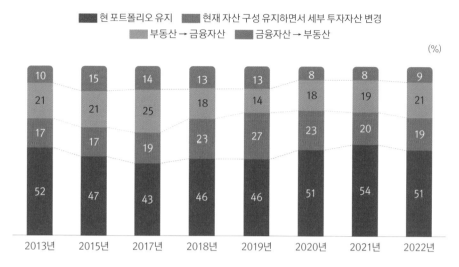

■ 현 포트폴리오 유지   ■ 현재 자산 구성 유지하면서 세부 투자자산 변경
■ 부동산 → 금융자산   ■ 금융자산 → 부동산

(%)

	2013년	2015년	2017년	2018년	2019년	2020년	2021년	2022년
부동산 → 금융자산	10	15	14	13	13	8	8	9
현재 자산 구성 유지하면서 세부 투자자산 변경	21	21	25	18	14	18	19	21
금융자산 → 부동산	17	17	19	23	27	23	20	19
현 포트폴리오 유지	52	47	43	46	46	51	54	51

자료: Korean Wealth Report 각 호

데믹 전후 51%에서 59%로 급증했다.

팬데믹 2기(2022년)에는 부동산 비중이 소폭 감소했다. 2022년 말 기준으로 부자가 보유한 부동산은 평균 총 39억 7,000만 원이다. 전체 자산의 55%를 차지한다. 2021년 말에는 부자가 보유한 부동산의 평균 금액이 45억 원이었다. 시장 환경이 악화되면서 부자의 부동산 규모가 10% 이상 줄어든 셈이다.

부자는 금융시장의 흐름에 대응해 자산의 세부 상품을 변경하면서 자산 규모를 유지하거나 축적한다. 이는 경기에는 사이클이 있다는 점을 이해하고 위기에 버틸 수 있는 자금을 확보하고 있으며, 위기가 기회로 연결된다는 사실을 직간접적으로 체험했기 때문이다.

개인적 투자 성향보다 시장 변화에 따라 리밸런싱(rebalancing)[*]

지난 10여 년(2013~2022년) 동안 매년 부자의 절반 정도는 부동산과 금융자산의 구성 비율을 현 수준에서 유지하겠다고 응답했다. 그리고 매년 부동산에서 금융자산으로의 전환 의향(부동산→금융자산)이 반대로 금융자산에서 부동산으로의 전환 의향(금융자산→부동산)보다 훨씬 높았다. 일반적으로 부동산을 포함해 어느 정도 부를 축적한 후에는 금융자산을 활용해 자산을 유지하는 데 집중한 것으로 해석된다.

하지만 해마다 부동산이나 금융자산으로 리밸런싱하겠다는 의향을 가진 부자도 상당수 존재하고 금융시장의 환경에 따라 의향도 변해왔다. 팬데믹 전후 부동산으로의 전환 의향이 눈에 띄게 감소했다. 우리는 해당 시점에 부동산 시장이 크게 출렁였음을 알고 있기 때문에 이들의 리밸런싱 의향이 개인적 투자 성향에 따른 호오(好惡)가 아니라 시장 변화에 대처하는 것임을 눈치챌 수 있다. 이러한 리밸런싱 의향만 보더라도 시장 상황을 예의주시하고 발 빠르게 움직이는 부자가 존재하고 우리는 이들의 빠른 대처(실천)가 더 높은 수익과 직결됨을 앞선 결과에서 확인할 수 있었다.

---

[*] 리밸런싱이란 자산 포트폴리오 내 자산 비중을 조정하는 과정을 의미한다.

부동산

08 ⸺⸺ 부의 일등공신, 부동산

부동산에 대한 시각도 부자마다 천차만별이다. 하지만 분명한 사실은 부동산 투자가 현재의 부를 일구는 데 막대한 기여를 했다는 점이다.

2021년 기준으로 부자는 95%가 거주용 주택을 보유하고 있다. 거의 대부분 부자는 자신이 살 집을 갖고 있다. 거주용 주택의 평균 자산가치는 16억 7,200만 원이었다.

실거주 외에 투자 목적으로 주택을 보유하고 있는 비중은 31%이고, 투자용 주택의 평균 자산가치는 4억 2,400만 원이다. 투자용 주택의 평균 자산가치가 거주용 주택의 평균 자산가치(16억 7,200만 원)의 1/4에 불과한 것을 보면, 부자들은 투자용 주택으로 소규모 아파트나 오피스텔을 매매하여 월세 등의 수익형 부동산을 운용하는 것으로 파악된다.

상가 및 건물 등 상업용 부동산 보유자 비율은 42%이고,

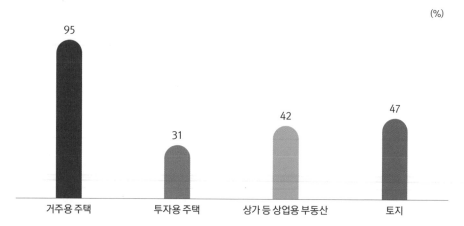

▶ 부동산 유형별 보유자 비율

(%)

- 거주용 주택: 95
- 투자용 주택: 31
- 상가 등 상업용 부동산: 42
- 토지: 47

자료: Korean Wealth Report 2022

이들의 평균 가치는 13억 7,400만 원이다. 토지 보유자 비율은 47%나 되어 상업용 부동산 보유자 비율보다 높았으며, 평균 가치는 5억 6,800만 원으로 집계되었다.

사실 부자뿐만 아니라 일반인도 부동산 투자에 관심이 많다. 2017년 통계청에서 실시한 가계금융복지조사에 따르면, "소득이 증가하거나 여유자금이 생길 경우 부동산에 투자하겠다"는 응답이 56%를 차지했다. 많은 사람이 여유자금이 생길 경우 부동산 투자를 우선 고려한다는 점을 알 수 있다.

최근 10년간 주택가격 40% 상승, 부동산펀드 7배 이상 성장

일반적으로 부동산 경기가 장기 사이클을 지님에도 불구하고 "역시 부동산밖에 없다"는 말을 하는 이유는 최근 10년간 부동산 가격이 주택과 상업용 부동산을 가리지 않고 모두 지속적

▶ **전국 아파트 매매 가격지수**

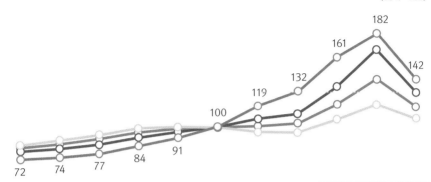

으로 상승했기 때문이다.

주택가격은 지난 10년 동안 40% 정도 상승했으며, 특히 아파트만 보면 43% 상승했다. 지역별로 보면 서울은 70%, 수도권은 65%, 광역시는 43%, 지방은 27% 상승했다. 공동주택 실거래가격 기준으로 보면 전국 기준으로 34% 상승했는데, 서울과 수도권은 각각 63%, 46% 상승한 반면 광역시는 32%, 지방은 13% 상승하는 데 그쳤다.

팬데믹 기간 경기 방어를 위한 저금리가 이어졌는데, 이를 기회로 부동산 가격은 큰 폭으로 상승했으며 2022년 하반기 이후 금리 급등으로 2023년 현재까지 가격 조정을 거치고 있다.

상업용 부동산의 경우 오피스 건물에 대한 투자지수도 서울

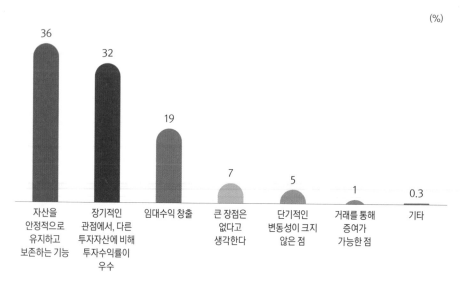

(%)

자산을 안정적으로 유지하고 보존하는 기능	장기적인 관점에서, 다른 투자자산에 비해 투자수익률이 우수	임대수익 창출	큰 장점은 없다고 생각한다	단기적인 변동성이 크지 않은 점	거래를 통해 증여가 가능한 점	기타
36	32	19	7	5	1	0.3

자료: Korean Wealth Report 2023

기준으로 지난 10년(2012~2022년) 동안 약 97% 상승했으며, 주택 시장과 달리 가격 재조정 없이 지속 상승 중이다. 소형 및 중형 오피스 건물과 중대형 오피스 건물도 각각 108%, 100% 상승한 것으로 나타났다.

이와 함께 국내 부동산펀드의 AUM*(Asset Under Management, 순자산총액)은 2010년 말 11.1조 원 규모였으나, 2022년 말에는 81.4조 원으로 무려 7배 이상 성장했다.

---

* AUM은 금융회사에서 운용하는 펀드의 합계를 의미한다.

부동산은 자산을 안정적으로 유지하고 보존

부동산 투자에 대해 부자들이 생각하는 가장 큰 장점은 '자산을 안정적으로 유지하고 보존하는 기능'이다. 그다음으로 '장기적인 관점에서 다른 투자자산에 비해 투자수익률이 우수'하다는 것이다. 부자들에게 부동산은 안정적인 자산이면서 투자성도 높은 자산임을 알 수 있다. 부동산 투자에 대한 높은 선호도는 인터뷰에서도 확인할 수 있다.

"변동성에 대비해 자금을 묶어두기 위해 부동산에 투자합니다. 자금을 묶어두는 종착역은 부동산이라고 생각합니다."
(부자 인터뷰 중에서)

"요지의 부동산은 자녀들에게 투자해도 좋다고 이야기합니다. 자금 손실을 최소화할 방법 중 하나이기 때문입니다."
(부자 인터뷰 중에서)

"요즘 세금 때문에 힘들어하시기는 하지만, 못 견딜 정도는 아닌 거 같습니다. 부동산 증세, 부동산 가격 하락이 와도 큰 타격은 없습니다. 부자들에게 부동산은 마음을 의지하는 자산입니다. 부동산 100억 원과 현금 100억 원 중 어떤 것을 선택하겠냐고 물어보면, 여전히 부동산을 택할 겁니다. 부동산에 대한 믿음은 굳건한 편입니다."
(PB 인터뷰 중에서)

09 ·············· 부자는 어떤 부동산에 투자했나?

부자든 아니든 부동산에 투자를 할 때는 먼저 자신이 살 집부터 마련하고, 그다음에 자녀를 위한 집을 구입한다. 이후는 현금흐름을 창출할 수 있는 상업용 부동산이다. 상업용 부동산을 가장 마지막에 투자하는 이유는 아마도 상업용 부동산의 가격이 평균적으로 주택보다 훨씬 더 높기 때문에 자금을 마련하는 데 시간이 오래 걸리기 때문일 것이다.

대부분 사람들이 그렇게 부동산을 늘려나가는데, 부자와 일반인의 차이가 있다면 정책, 경제 상황, 시대 흐름을 캐치할 수 있는 정보력과 자금 여유 등의 차이가 있을 뿐이다.

한편 연령대가 높을수록 상업용 부동산이나 토지를 많이 보유한다. 70대 이상 부자 중 토지를 보유한 비중이 44%이고, 상업용 건물을 보유한 비중이 41%이다. 반면 40대는 토지 23%, 상업용 건물 17%로 세대별 차이를 보인다. 투자용 주택을 보유한 비중은 70대를 제외한 전 연령층에서 비슷한 수준이다.

부동산은 그들만의 리그에서 매입

부동산은 금융상품보다 거래 단위가 훨씬 크기 때문에 직접적으로 부의 규모, 즉 경제력을 드러낸다. 또한, 다양한 부자의 '상징 자본'으로서의 의미도 갖는다. 부자들은 부자 동네, 지역 안에서 커뮤니티를 형성하고 그들만의 삶의 방식을 공유하면서 살아간다.

금융자산 100억 원 이상을 가진 자산가는 성북동과 압구정동, 청담동, 도곡동 등 한국 사람이라면 누구나 아는 부자 동네에서 거주하는 비중이 높고, 그들의 자녀들도 부모와 같은 지역에서 살거나 젊은 부유층이 선호하는 라이프스타일을 제공하는 한남동, 청담동 등 최근 인기 있는 부촌 지역에 거주하고 있다.

사이클에 영향받지 않는 똑똑한 부동산 매입

부자는 투자 경험을 통해 좋은 물건을 알아볼 수 있는 눈썰미가 뛰어나다. 한강 뷰가 보이는 고층 아파트 또는 숲세권, 좋은 학교와 학원 인프라가 형성되어 있는 지역의 아파트 등 높은 프리미엄 가격이 붙은 부동산은 부동산 시장 상승 사이클이 오면 가치가 크게 상승하고, 하락 사이클이 와도 가격이 그다지 떨어지지 않는다. 투자자산의 가격 하락 위험에 대한 방어 수단으로 활용이 가능하다. 부동산은 부자에게 최고의 안전자산인 것이다. 또한, 매각을 위해 내놓을 시 투자가치가 높은 부동산이기에 다른 부동산보다 신속하게 거래되어 유동성도 높다.

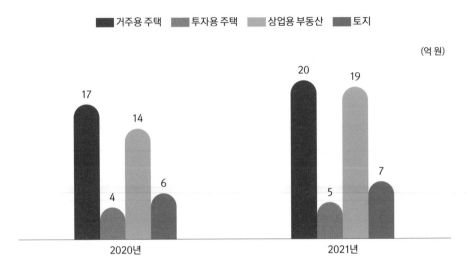

자료: Korean Wealth Report 2021, 2022

　반면 일반인은 최근 부동산 가격 하락과 금리 인상의 영향을 받는다. 똑똑한 부동산에 투자한 것이 아니라면 앞으로 부동산 가격이 다시 상승할 때까지 장기간 플러스(+) 투자수익률을 얻기 어려울 것이다.

　부동산 경기 하락에도 불구하고 부자들이 부동산을 매도하지 않는 이유는 풍부한 경제력으로 금리 상승 등의 악재에 영향을 적게 받을 뿐만 아니라 가격 방어가 용이하고 경기 회복 시 가격 상승 기대가 높은 똑똑한 부동산을 보유하고 있기 때문이다. 또한, 자금력을 바탕으로 똑똑한 한 채가 아닌 똑똑한 '여러 채'를 보유하고 있다 보니 가치 상승으로 인한 자산 축적에 더욱 효과적이다.

　보유한 부동산 평균가격을 보면 투자용 주택보다 상업용 부동산의 가격 상승폭이 더 컸다. 그리고 투자용 주택은 거주용 주택가격보다 낮은 가격대에서 형성되는 특성을 보인다.

건물은 시장에 나온 매물 아닌 '내'가 원하는 부동산 매입

여전히 상업용 건물에 대한 관심이 높다. 부자들이 상업용 건물을 매수할 때는 건물의 다양성과 개인의 취향 등이 복합적으로 작용한다. 개인에게 맞춤형 제안을 해주는 전문 법인을 활용하거나 인맥을 활용하는 등 다양한 방식으로 거래가 이루어진다.

최근 은행과 증권사의 자산관리부서는 금융자산 투자를 넘어 종합적인 자산관리 및 부동산 투자, 운영 및 관리, 관련 세금 영역에까지 자문을 제공한다. 또한, 근래에는 전문적인 부동산 관리회사가 증가하여 훨씬 더 고차원적인 부동산 관리 및 자문이 가능하다.

"요즘 오피스텔이나 상가 등 수익형 부동산에 대한 관심은 다소 주춤하지만, 빌딩에 대한 관심은 여전합니다."
(PB 인터뷰 중에서)

"80〜90세 연령대의 회장님은 돌아가시기 전에 자녀들에게 증여를 해주어야 하는데, 보통 자녀들이 3〜4명인 경우가 많습니다. 회장님이 1,000억 원대의 건물을 보유하고 있는 경우 건물을 유지하거나 처분하는 등의 문제에 있어서 자녀들의 의견이 일치하기 어렵습니다. 그래서 살아생전에 이를 매각하고, 자녀들이 지분을 받으면 다시 꼬마빌딩을 사는 식으로 부의 이전이 이루어집니다."

(PB 인터뷰 중에서)

"부동산 전문 법인에서 부자의 취향을 파악해 좋아할 물건만 제안해줍니다. 매우 정확하고 완벽하게 니즈를 소화해서 제공합니다. 심지어 보유 중인 부동산이 마음에 들지 않는다고 하면 부동산 스왑(교환)도 해주고, 인맥을 통해 소개받는 케이스도 많습니다."

(PB 인터뷰 중에서)

"진짜 부자들은 매도 물건으로 나와 있는 부동산을 보지 않습니다. 현재 주인이 있는 건물을 직접 찾아가서 '건물을 팔라'고 협상을 하는 식입니다. 시장에 이미 나와 있는 부동산은 매력적이지 않은 매물이라고 생각하는 편입니다."

(PB 인터뷰 중에서)

상가 건물에 투자할 때에는 지역에 따라 투자 방식이 다른데, 상가 임대료가 높은 지역, 유동인구가 많은 지역의 건물은 자본 차익을 목표로 투자해 5년 후 매각을 하는 추세이고, 지도가 바뀔 것이라 생각하는 경우 장기 보유한다.

지난 몇 년 동안 주택가격이 급격히 상승하고 종부세 부담이 높아져 아파트 등 주택보다는 가격이 상승 중이지만 세금 정책이 강화되지 않은 상업용 건물을 더 선호하는 추세도 보인다.

"요즘은 주택을 여러 채 가지기보다는 본인 거주용 주택, 자녀용 주택, 그 이후엔 바로 건물입니다."
(PB 인터뷰 중에서)

10 ·········· 레버리지(부채)에 대한
부자의 생각

부자들은 대부분 대출에 대한 거부감이 없다. 대출을 통해 투자자금도 확보하고, 레버리지 효과를 발생시킨다. 레버리지 효과란 타인의 자본을 지렛대처럼 이용하여 자기자본의 이익률을 높인다는 뜻이다.

내 자금 10억 원을 투자하여 부동산을 구입한 뒤 1년 뒤 12억 원에 팔면 1년 동안 이익률이 20%가 되지만, 내 자금 5억 원에 대출 5억 원을 받아 부동산을 구입했다면, 약 6%의 대출 이자 3,000만 원이 들더라도 이익률이 34%가 된다.

2021년 통계청 자료에 따르면, 국내 상위 5분위(순자산 기준)* 부유층의 거주 외 목적의 부동산 담보대출 비중은 33%나 된다.

---

* 상위 5분위는 순자산(=총자산-총부채) 기준으로 국내 가구를 20%씩 구분해서 상위 20%를 의미한다.

제2장 부자의 투자법

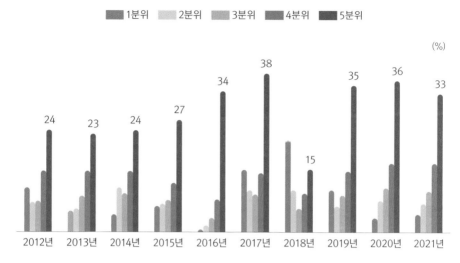

자료: 통계청

반면 1분위의 대출 비중은 4%로 5분위의 1/10 수준에 불과하고 4분위의 대출 비중도 5분위의 절반 수준에 그친다.

상업용 부동산 투자에 레버리지를 적극 활용

부자들이 투자용 부동산을 마련할 때 대출을 많이 활용한다는 것을 알 수 있는데, 물론 부동산 투자 비용이 다른 금융투자보다 상당히 크기 때문이기는 하다. 또한, 부자들은 보유하고 있는 부동산도 많고 보유 부동산의 가격도 높기에 은행에서 담보대출을 받을 수 있는 여건이 일반인보다 여유롭다는 사실도 간과할 수 없다.

부자가 대출을 이용해 상업용 건물에 투자하는 이유는 대체로 향후 건물의 지가 상승이 예상되기 때문이다. 건물로부터 창

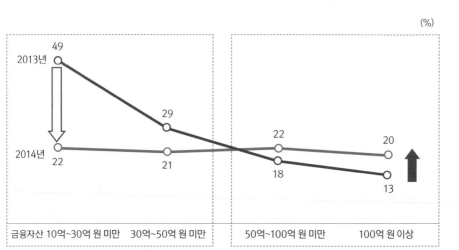

자료: Korean Wealth Report 2014, 2015

출되는 수익으로 대출이자를 갚아 나가면서 건물을 유지하다가 적정한 투자수익률이 확보되면 건물을 매각해 가치 상승분을 얻는다.

또한, 부자는 레버리지를 통해 매입한 상업용 건물을 증여 수단으로 활용하는 경우도 많다. 이 경우 건물의 일부 지분을 자녀에게 증여한 경우인데, 부자 본인이 위에서처럼 레버리지를 활용한 경우와 비슷하다. 자녀가 건물 지분만큼 건물 수익을 가져갈 수 있기에 자산 축적을 할 수 있고, 축적된 금융자산으로 건물 지분을 추가 매수하는 방식을 활용하면 긴 시간이 소요된다는 단점은 있으나 한 번에 건물 전체를 증여할 때 발생하는 높은 증여세를 장기에 걸쳐 쪼개서 내는 효과를 누릴 수 있다.

부자는 부동산 투자에 대출을 활용하는 비중이 높지만 자

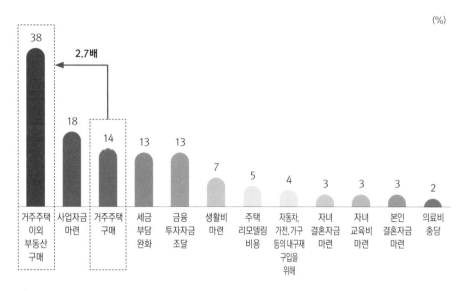

자료: Korean Wealth report 2023

산 규모에 따라 대출 활용에 대한 인식은 다소 차이가 있는 것을 발견할 수 있다. 부동산 경기는 2008년부터 2013년까지 하락세였는데 2014년 정부가 부동산 대출 관련 정책을 완화하자 금융자산 100억 원 이상을 가진 부자의 부채비율이 2013년 13%에서 2014년 20%로 급격히 증가했다.

이때 이들의 부동산도 증가했다. 부채를 적극적으로 활용하여 경기 악화로 저평가된 부동산에 투자함으로써 자산 증식을 도모했기 때문으로 판단된다. 반면 금융자산 50억 원 미만을 보유한 부자는 이 시기에 부채비율을 줄이는 반대 행보를 보였다.

2022년 기준으로 대출을 보유한 부자는 100명 중 21명 정도에 불과했다. 평균 대출금은 2020년에 7억 원에서 2022년 9억

4,000만 원으로 증가했다. 최근 3년 동안 대출금은 지속적으로 증가하는 추세다.

부자는 거주주택 외 부동산 구매를 위해 대출을 이용할 뿐만 아니라 사업자금이나 투자자금 조달을 위해서도 대출을 받았다.

2022년 기준으로 거주주택 마련을 위해 대출을 활용한 비중을 보면, 부자는 14%에 불과하나 대중부유층과 일반인은 각각 50%, 34%로 훨씬 높다. 또한, 거주주택 이외 부동산 구매 목적의 대출 비중은 거주주택 구매보다 2.7배 높은 38%를 차지했다. 부자는 레버리지를 통해 거주 목적보다는 추가적인 수익 확보를 위해 거주 이외의 목적으로 부동산을 매입한다는 것을 알 수 있다.

11 ·············· 부자는 경기 전망에 따라 부동산을 매매할까?

대부분 부자는 경기 전망에 따라 부동산 투자의 규모를 크게 늘리거나 줄이지 않는다. 오히려 지속적으로 좋은 매물을 찾아 부동산을 늘려왔다고 보아야 한다. 경기 전망이 투자와 자산 포트폴리오의 급격한 방향 변화를 리드하지 않는다는 말이다.

부자의 부동산 거래는 경기 흐름보다 정책 방향에 따라 좌우

금융위기가 발생한 2008년부터 2013년까지 부동산 가격이 하락세를 지속할 때에는 부동산 비중이 51%에서 44%로 7%p 감소했는데, 가격 하락을 반영한 비중 축소로 보인다.

그러다 2013년 박근혜 정부 출범 이후 주택담보대출 규제 등 관련 정책이 대폭 완화되자 부자는 부동산 비중을 늘려나갔다.

2017년 문재인 정부 출범 이후에는 부동산 관련 대출 제한과 강력한 세금 정책에도 불구하고 저금리 장기화 및 미분양 해

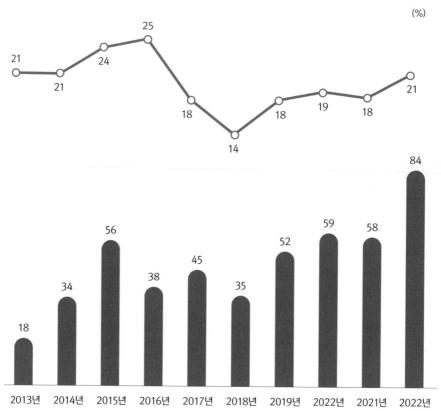

자료: Korean Wealth Report 각 호

소 등으로 주택가격이 급상승했다. 세금 부담이 늘자 부자들은 부동산의 일부를 처분하거나 자녀에게 증여하는 형태로 부동산 포트폴리오를 재정리하고, 절반은 그대로 보유하였다.

다음 해 부동산 경기가 부정적일 것으로 전망되든 아니든 부동산 경기 전망과는 별개로 부자들은 부동산을 유지할 것이

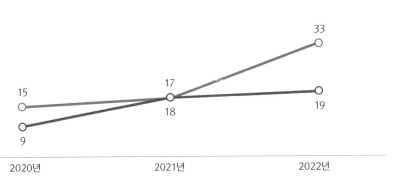

자료: Korean Wealth Report 각 호

라는 반응을 보였다. 경기 흐름보다는 세금과 부동산 대출 관련 정책 방향이 부자의 부동산에 대한 생각을 바꾸게 하는 중요한 요인라는 것을 다시 한번 확인할 수 있다.

부동산을 추가적으로 매입할 계획이 있는지, 아니면 보유한 부동산을 매각할 계획이 있는지 질문해보면, 2021년을 제외하고는 대부분 매입 계획이 더 큰 비중을 차지했다. 특히 정권교체로 규제완화에 대한 기대가 높았던 2022년 부자의 부동산 추가 매입 의향은 전년에 비해 2배 가까이 늘었다. 부자는 기본적으로 부동산을 매각 대상으로 생각하지 않는다. 오히려 기회가 있을 때마다 매입할 계획을 갖는다.

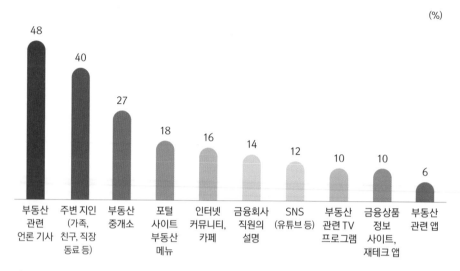

자료: Korean Wealth Report 2022

부동산 정보는 언론 기사나 지인을 통해 획득

그러면 부자는 부동산 투자 정보를 어디에서 얻을까? 대부분의 정보는 언론 기사와 가족, 친구, 직장동료 등 주변 지인을 통해서 얻고 있었다. 전문가를 통해 정보를 얻을 것이라는 예상과 달리 주변에서 쉽게 접할 수 있는 곳에서 정보를 찾는다. 부동산중개소나 금융회사 등과 같은 전문가 집단에만 의존하지는 않는다. 하지만 주변 지인의 상당수가 부자인 점을 감안하면 정보의 질적 수준이 전문가 못지않을 것으로 예상된다.

12 ················· 부자는 부동산 정책 변화에 어떻게 대처했나?

　　세금 부담이 높아지면 소비자의 수요가 감소하고 이에 따라 부동산 시장 내 공급이 감소한다. 부자 역시 세금 부담이 높아지면 쉽게 매도를 하지 않는다. 매도 후 양도소득세를 내고 나면 남는 자금이 동일한 부동산을 살 수 없을 만큼 줄어들어, 가치가 높은 똘똘한 부동산을 보유하고 있는 부자가 굳이 큰 소득 없이 복잡한 거래를 진행시킬 이유가 없기 때문이다.

　　결국 그 상황을 지켜보며 버티거나, 필요시 자녀에게 증여를 해서 추후 더 많이 발생할 수 있는 세금 부담을 낮추려고 할 뿐이다. 계획했던 시기보다 일찍 증여하는 것뿐이니 시장의 공급으로 이어지지는 않는다.

　　문재인 정부 당시에는 보유세와 거래세 부담을 모두 강화했음에도 불구하고 부동산 가격이 수직 상승하여 이러지도 저러지도 못하는 부자가 많았다. 최근 윤석열 정부는 주택가격 하락

	노무현 정부 (2003~2008년)	이명박 정부 (2008~2013년)	박근혜 정부 (2013~2017년)	문재인 정부 (2017~2022년)	윤석열 정부 (2022년~현재)
세금	세금정책 대폭 강화 · 재산세 인상 · 종부세 도입 · 양도세 중과	세금정책 대폭 완화 · 양도세 중과 폐지 · 일시적 1가구 2주택 보유기간 완화 · 종부세 합산 배제	세금정책 다소 완화 · 양도세 5년간 면제	세금정책 대폭 강화 · 양도세 중과 · 종부세 인상 · 취득세 인상	세금정책 다소 완화 · 디주택자 양도세 중과 한시적 배제 · 일시적 2주택자 양도세 비과세 요건 완화
주택대출 및 재건축 정책	· 분양권 전매 금지 · 재건축 초과이익 환수제 시행 · LTV 강화 · DTI 도입 · 민간택지 분양가 상한제	· 투기 지역 해제 · 후분양제 완화	· LTV, DTI 완화 · 수직 증축 리모델링 허용 · 재건축 연한 단축	· 재건축 안전진단 강화 · 민간 택지 분양가 상환제 부활 · 재건축 초과이익 환수제 부활 · DTI, DSR 도입	· 주담대 전입요건 폐지 · 일시적 2주택자의 기존 주택 처분기한 6개월에서 2년으로 연장 · 강남3구와 용산 제외한 모든 지역 규제지역에서 해제
집값 상승률	+94%	−13%	+29%	+52%	·
부자들의 부동산 비중	51%	51% → 44%	44% → 51%	51% → 58%	58% → 55%

시 발생하는 경제 충격을 완화하기 위해 규제완화를 통해 주택 가격의 하락 속도를 조정하고 있다. 이에 현재 주택가격이 최고가라는 인식과 금리 상승으로 주택을 하나씩 매도하는 부자도 있다. 2022년 말 기준으로 부자의 19%는 2023년에 부동산을 매각할 계획을 가지고 있다.

규제완화 시 잠재 가치 높은 부동산으로 재정비

부동산거래세 규제를 완화하면 거래가 활발해지며 부동산 공급이 늘어나 가격이 하락하고, 세금 부담도 적어져 보다 쉽게 부동산을 매각해 차익을 얻을 수 있다.

2008년부터 2012년까지 부동산 가격이 떨어졌던 시기에 부자는 부동산 비중을 감소시켰다. 이때에는 미분양이 크게 증가하고 건설업체가 파산하는 등 심각한 건설경기 불황을 겪었다. 당시 정부는 양도세 중과를 폐지하고, 일시적으로 1가구 2주택 보유기간 완화, 종부세 합산 배제 및 세율 인하, 투기 지역 해제 및 후분양제 완화 등 규제완화정책을 실시하였다. 그럼에도 불구하고 전 정부의 과도한 규제와 글로벌 금융위기 등의 영향으로 건설경기 불황을 이겨내지 못하면서 주택가격이 무려 13%나 하락하였다.

양도세 중과 폐지 등 거래세 부담 완화 및 여러 부동산 시장 활성화 정책으로 부동산 거래가 활발했던 2008년에서 2013년 동안 부자는 부동산 유형을 변경하며 잠재가치가 높은 부동산으로 재정비했다. 2012년 설문조사에서 향후 부동산을 증가시킬 계획이라고 응답한 부자 비중은 9%인 반면, 현 부동산 비중을 유지하되 상세 투자자산은 변경할 계획이라고 응답한 비중은 22%나 되었다.

또한, 부자들은 자산가치가 떨어졌을 때야말로 증여의 적기라고 생각한다. 부동산이든 사업체든 시장가치가 떨어졌을 때 적극적으로 부의 이전을 고민한다. 그래서 부동산 상승 초입 혹은 조정을 받는 시점에 증여가 늘어난다. 고가 부동산의 경우, 매각 후 법인을 세워 투자하기도 하고, 가족 법인을 설립하여 증여에 활용하기도 하는 등 방법은 다양하다.

"요즘 증여가 많습니다. 자산가치가 떨어졌을 때 증여하겠다는 생각을 많이 갖고 있죠. 다주택자 부자들은 매각 안 하고 증여하는, 부의 이전이 많이 일어나고 있습니다."
(PB 인터뷰 중에서)

13 ·········· 부자의
해외 부동산 투자

자본 차익보다는 자녀 유학, 사업 등 실수요 중심으로

해외 부동산 투자는 종합부동산세와 양도소득세 중과 대상에 포함되지 않는다는 이점이 있다. 그러나 과거 대비 해외 부동산에 투자하는 부자의 비중은 2013년 4%에서 2021년 5%로 1%p 증가했다. 부자들이라도 해외 부동산에 투자하는 비중은 아직까지 소수이다.

반면 자녀의 학업과 본인의 사업 등의 이유로 생활 기반이 해외에 있는 경우, 자연스럽게 해외 부동산에 관심이 많다. 해외 부동산 투자는 이처럼 목적 지향적인 경우가 대부분이다. 그래서 자본 차익보다는 실수요 목적이 많다. 특히 젊은 신흥 부자들은 여행과 유학 등으로 해외 거주 경험이 있는 경우가 많고, 자녀 교육을 위해 해외로 나가려 하는 사람들이 많기 때문에 해외 부동산에 대한 수요가 높다. 2013년에는 해외 부동산을

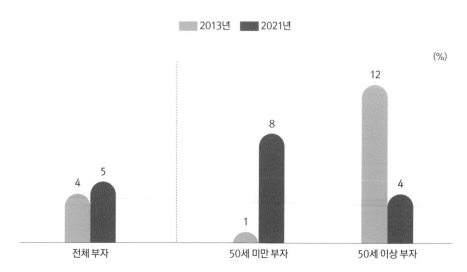

자료: Korean Wealth Report 2014, 2022

보유한 부자들의 대부분이 50대 이상이었지만, 2021년에는 해
외 부동산을 보유한 부자 중 40대 이하의 영리치 비중이 크게
상승했다(1%→8%).

　한편, 자녀 해외 유학이나 노후 세컨드 하우스 등 실수요 목
적 외에도 경기 불안이 지속되면서 부자들의 달러 확보가 가속
화되고 미국을 중심으로 한 해외 부동산의 매수세가 활발해지
는 추세다. 해외에 부동산을 보유하고 있는 부자 중 단독주택을
보유한 비중은 절반 정도 되고, 아파트 36%, 토지 21% 등을 보
유하고 있다.

미국, 베트남에 대한 투자를 선호

2021년을 기준으로 해외 부동산 투자 지역에 대한 선호도를

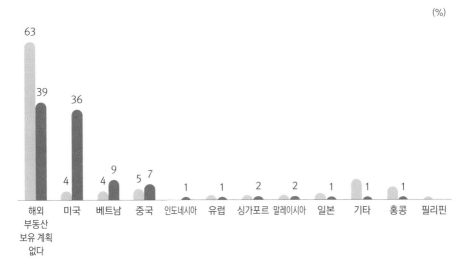

자료: Korean Wealth Report 2012, 2022

보면 미국, 베트남, 중국 순이다. 이는 해외 사업 요인이 가장 크게 고려된 것으로 판단된다. 10년 전에는 홍콩, 중국, 미국, 베트남 순이었으나, 홍콩이 낮아지고 미국이 크게 부상했다.

부자가 미국 중심으로 부동산을 매수하는 이유는 노후 주거지 마련과 자녀 거주 목적 외에도 절세 요인이 크게 작용한다. 우리나라는 상속세 최고세율이 50%에 달하는 반면, 북미권은 상속세가 없거나 공제율이 높아 상속세 부담이 크지 않다.

그러다 보니 투자이민 등으로 영주권을 취득한 후 국내 재산을 해외로 가지고 나가서 현지에서 증여나 상속을 하는 경우가 있다. 물론 국내에서 해외로 자금을 송금하는 경우 자금 출처

소명부터 각종 증명 서류 등 필요한 신고 등의 절차가 많고, 해외 부동산 매입 후에도 국세청에 매년 보고를 해야 한다. 그럼에도 불구하고 특히 미국의 부동산을 취득하는 부자는 달러 기반의 안전자산 확보, 월세 등 수익 창출 가능, 증여세와 상속세 절감이라는 일석삼조(一石三鳥)의 장점을 누릴 수 있다.

특히 자녀가 유학 등으로 해외에 나갈 계획이 있는 부자들은 더 적극적으로 이 방법을 활용한다. 그러다 보니 요즘 부자들은 기본적으로 해외 영주권을 취득하려는 의향이 높다.

"최근 2~3년 사이에도 해외 부동산을 많이 샀고, 여전히 꾸준히 많이 사고 있어요. LA나 하와이 등지에 콘도미니엄 같은 주거용 부동산을 주로 구매합니다."
(PB 인터뷰 중에서)

"자녀가 영주권이나 시민권을 가지고 있는 경우 체감상 절반 이상은 해외 부동산을 보유하고 있는 것 같습니다."
(PB 인터뷰 중에서)

주식

14 ·········· 글로벌 금융위기 이후
    부자는 어떻게 투자했나?

2011년 이후 국내 주식은 대내외 환경 변화 속에서 다음 페이지 상단 그림과 같은 움직임을 보여왔다. 코스피가 최초로 2,000포인트를 돌파한 것은 2007년이었으나, 2008년 금융위기 발생 이후 거의 10년 동안이나 2,000~2,200포인트를 오르내리며 박스권에 머물렀다.

그러다 팬데믹 영향으로 주가가 급락했다가 주요국 중앙은행의 금리 인하 기조에 따른 유동성 증가와 함께 주식투자자가 급증하면서 3,000포인트를 돌파하는 등 강세를 보였다. 2022년 하반기부터 긴축 통화정책으로 전환되면서 코스피는 2023년 11월 말 기준 2,300포인트 내외에 머물러 있다.

전통적으로 펀드·신탁 등 간접투자 방식을 선호
다음 페이지 하단 그림에는 부자의 금융자산을 100으로 했

▶ 코스피지수 ────────────────────────

(포인트)

자료: 한국거래소

▶ 금융자산 중 주식, 펀드 및 신탁 자산의 비중 ─────────────

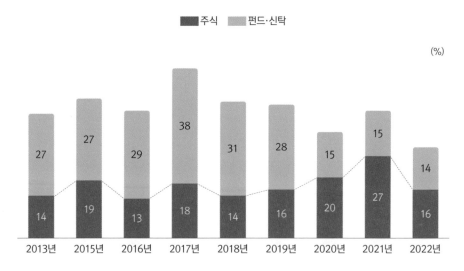

자료: Korean Wealth Report 각 호

을 때 주식의 보유 비중, 그리고 펀드·신탁자산 비중의 변화가 정리되어 있다. 2013년에 부자는 전체 금융자산 중 주식을 14% 보유하였으며, 2019년까지 13~18% 수준에서 큰 변화는 없었다.

반면 펀드·신탁 비중이 주식보다 높아 부자들이 위험한 주식보다는 상대적으로 간접투자 방식의 펀드·신탁을 통한 투자를 선호했음을 알 수 있다. 주가가 금융위기 이후 오랫동안 횡보하여 주식에 대한 매력이 그다지 크지 않았기 때문이다.

기준금리 인하와 함께 시장금리가 동반 하락하면서 저금리 기조가 장기간 지속되었음에도 불구하고 코스피는 2016년까지 박스권에 갇혀 장기간 횡보하는 모습을 보였다. 이러한 상황을 반영하여 당시 부자들은 주식투자에 대한 관심이 크지 않았으며, 금융자산에서 차지한 주식투자 비중은 10%대에 머물렀다.

2017년부터 2018년 1월까지 바이오와 반도체 업종을 중심으로 주가가 상승하여 코스피가 2,500포인트를 넘어서는 등 당시 주가는 사상 최고치를 경신했다. 이러한 영향으로 부자들의 주식 비중이 소폭 증가했지만 이때에도 주식을 통한 직접투자보다는 펀드나 신탁을 통한 간접투자를 선호했다. 주식 비중이 2016년 13%에서 2017년 18%로 증가한 반면, 펀드·신탁 비중은 같은 기간 29%에서 38%로 크게 증가했다.

그러다 2018년 2월부터 주가가 하락해 코스피가 2,000포인트 선에 머물면서 2018년 말에는 주식 비중이 14%로 감소했다. 부자들의 투자수익률도 그다지 높지 않았고 시장 상황에 따라 가격이 급변하여 변동성이 심한 주식에 대해서는 관심이 적었고, 투자 우선순위도 낮았다.

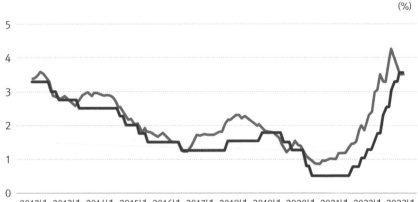

자료: 한국은행

팬데믹 이후 주가 급등으로 주식투자가 다시 증가

주식투자에 대한 관심은 2020년 누구도 상상할 수 없었던 세계적인 전염병의 확산으로 전환기를 맞이했다. 팬데믹의 영향을 받아 전 세계 금융시장, 특히 주식시장에 공포가 엄습하면서 코스피는 2020년 3월 장중 최저치 1,439포인트를 기록했다.

그러나 패닉 상태였던 주식시장은 기준금리 인하를 포함한 양적 완화 정책과 적극적인 경기부양책이 제시되고 국내 개인투자자들이 매수세를 이어가면서 빠르게 회복되었다. 우리나라뿐 아니라 전 세계적으로 중앙은행이 자산을 매입하고 경기 부양을 위한 정책을 쏟아내면서 주식시장이 큰 폭의 빠른 회복세를 보였다.

과거 위기로 인해 주가가 급락한 이후에는 반드시 급등하는 패턴을 경험상 체득하고 있었기에 주식투자자가 크게 증가했고 주식시장으로 돈이 몰리는 현상이 지속되면서 주가는 큰 폭으로 상승했다.

특히 풍부한 유동성을 바탕으로 2021년 6월까지 코스피는 3,300포인트를 돌파하는 강세장을 시현했다. 주식시장에 개인투자자의 참여가 증가하는 현상도 부자에게 예외는 아니었다. 부자들의 간접투자 선호가 직접투자 선호로 급선회한 것이다.

2021년 말 금융자산 중 주식 비중이 27%까지 증가했는데, 대부분 부자는 일반인에 비해 더 빠른 정보와 네트워크를 바탕으로 비상장주식에도 투자하여 더 높은 수익을 거두었다.

2021년 하반기부터 인플레이션 우려 등으로 글로벌 중앙은행에서 긴축 모드로 전환함에 따라 주가는 하락했고, 2022년 이후 부자들의 주식투자 비중도 급감했다.

그러나 이제 부자들은 과거와 달리 주식 직접투자에 대한 관심이 높아졌고, 시장 상황에 따라 언제든지 주식시장에 다시 참여할 준비가 되었다는 점은 큰 변화로 볼 수 있다.

2019년 이후 펀드·신탁에 대한 관심도 약화

한편 부자의 펀드·신탁에 대한 투자 선호는 2019년부터 불거진 사모펀드 사태로 큰 변화를 맞이하였다. 글로벌 금융위기 이후 저금리 시대가 도래하자 상대적으로 높은 수익률을 기록한 사모펀드나 ELS(Equity Linked Securities, 주가연계증권)와 같은 파생결합상품에 대한 부자들의 관심이 높았다.

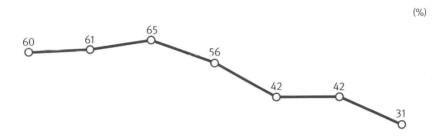

▶ 향후 1년 동안 투자할 금융상품(ELS, 신탁, 펀드) 비중

(%)

| 2016년 | 2017년 | 2018년 | 2019년 | 2020년 | 2021년 | 2022년 |

60 · 61 · 65 · 56 · 42 · 42 · 31

자료: Korean Wealth Report 각 호

그러나 이와 관련된 대규모 손실 및 환매 불가 사태 등 일련의 스캔들이 발생하면서 펀드·신탁에 대한 선호가 급격히 낮아졌다. 공모펀드가 이미 낮은 수익률로 인해 부자를 포함한 투자자의 관심에서 멀어졌고, 2020년부터 금융자산 중에서 ELS, 펀드·신탁이 차지하는 비중은 급격히 감소했다.

향후 1년 동안 투자할 의향이 있는 ELS, 신탁·펀드의 비중이 2018년 65%에서 2022년 31%까지 감소했다. 펀드·신탁에 대한 부자의 관심이 회복되기 위해서는 다소 시간이 걸릴 것으로 예상된다.

15 ·········· 부자는 해외 주식에
얼마나 투자할까?

부자일수록 외화자산을 보유하고 있는 비중이 높다. 부자의 경우 60% 이상이 외화자산을 보유하고 있는 반면, 일반인 중 외화자산을 보유한 사람은 20%대에 불과하다. 부자의 보유 자산 구성은 외화자산까지 포함하여 범위가 넓다고 볼 수 있다.

외화자산별로 보유 여부를 살펴보면, 부자, 대중부유층, 일반인 모두 외화현금, 외화예금, 해외 주식에 대한 선호도가 높다. 그중에서 부자와 대중부유층은 외화현금과 외화예금 비중이 높은 반면, 일반인은 해외 주식 비중이 가장 높다.

예비적 수요 목적으로 외화현금이나 예금을 보유

부자 100명 중 57명은 외화현금을 보유하고 58명은 외화 예금을 가지고 있다. 대중부유층 100명 중 47명이 외화현금을, 44명이 외화예금을 보유한 것에 비해 더 높다. 부자는 적극적인

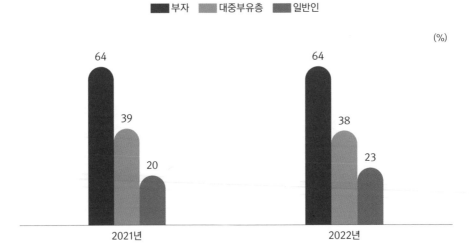

자료: Korean Wealth Report 2022, 2023

투자 목적보다 다른 해외 자산을 구입하는 등의 예비적 수요 목적으로 외화자산을 보유하는 반면, 일반인은 투자 목적으로 외화자산을 보유하는 것으로 이해할 수 있다. 최근의 '서학개미'로 표현되는 미국 주식투자 열풍이 반영된 것으로 보인다.

부자는 대중부유층이나 일반인에 비해 해외 주식에 투자하는 비중이 낮다. 부자는 30%에 그친 반면, 대중부유층은 37%, 일반인은 53%에 이른다. 익숙하지 않은 자산에 대한 투자를 꺼리는 특징을 잘 보여준다.

보유 주식 중 해외 주식 비중은 일반인보다 높아

그러나 보유한 주식 중에서 국내 주식과 해외 주식의 보유 비중을 비교해보면 전혀 다른 결과를 보여준다. 부자의 외화자

▶ **외화자산 상품별 보유율(중복응답)**

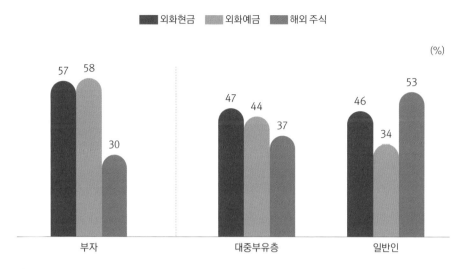

자료: Korean Wealth Report 2023

▶ **주식 보유자의 해외 주식투자 비중**

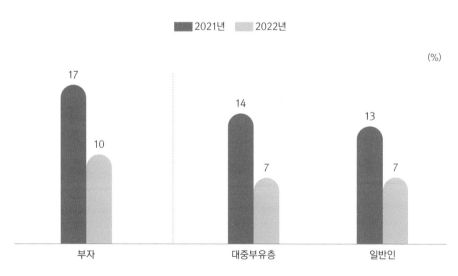

자료: Korean Wealth Report 2022, 2023

산 중 해외 주식을 보유한 비중은 낮으나, 일단 해외 주식을 보유한 경우 부자의 주식투자 금액 중 해외 주식 비중이 일반인보다 더 높다. 2021년에 부자가 보유한 주식 중에서 해외 주식이 차지하는 비중은 17%인 반면, 대중부유층과 일반인은 각각 14%, 13%로 나타났다. 이는 해외 주식에 투자하는 부자들의 경우 국내 주식시장보다 해외 주식시장의 가치 평가를 더 높게 판단하기 때문이다.

"팬데믹이 발생한 이후에는 한국 주식 보유량을 줄이고 미국 주식 보유량을 늘렸습니다. 미국 주식시장이 국내 주식시장보다 더 높은 수익률을 보여왔고 상대적으로 안정적인 시장이라고 판단했기 때문입니다. 트렌드를 보려고 노력했죠. 2억 원 정도를 좋은 주식에 투자했습니다."
(부자 인터뷰 중에서)

16 ⋯⋯⋯⋯⋯ 부자의 기대수익률과
주식투자 습관

부자도 일반인과 마찬가지로 투자를 결정할 때 기대수익률을 고려하지만, 터무니없이 높은 수준의 수익률을 기대하지 않는다. 물론 자산 증식을 원하는 부자는 높은 기대수익을 기대하기도 한다. 하지만 이들은 지나치게 높은 기대수익률에는 그만큼의 위험이 따른다는 것을 알고 있다.

따라서 되도록 안전한 자산에 투자하기를 원하며 '예금금리 +α' 정도의 수익률을 원한다. ELS투자나 비교적 안전한 회사채 투자가 인기 있는 것도 이런 이유다. 다소 수익률이 낮더라도 투자금액이 크기 때문에 많은 수익 창출이 가능하다. 당연한 이야기지만 부자는 굴리는 눈덩이가 크기 때문에 눈덩이를 조금만 회전시켜도 불어나는 눈의 양이 많다.

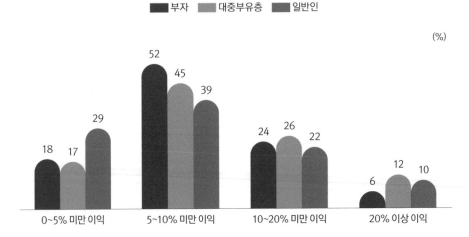

자료: Korean Wealth Report 2022

부자의 기대수익률은 대중부유층이나 일반인에 비해 낮아

실제로 부자가 목표로 하는 기대수익률은 대중부유층이나 일반인에 비해 비교적 낮다. 2014년부터 2022년까지의 설문에서 모두 부자는 5~10% 미만 이익 구간의 비중이 가장 높았고, 가장 높은 수익률 구간인 20% 이상 이익 구간의 비중이 가장 낮게 조사된 점이 이를 뒷받침한다.

물론 시장 상황에 따라 부자들의 기대수익률이 달라지기도 한다. 2020년까지 가장 낮은 수익률 구간인 0~5% 미만 이익 구간의 비중이 점차 증가하다가 이후 빠르게 감소하는데, 이는 팬데믹 직후 주식시장이 가파르게 회복되면서 주가가 크게 상승하는 등 투자상품에 대한 부자들의 기대수익률이 빠르게 증가했음을 보여준다.

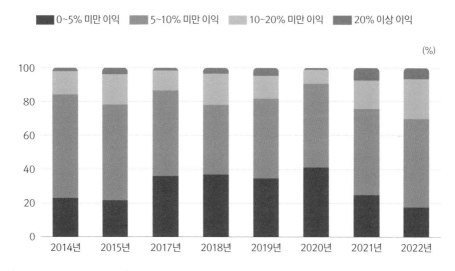

▶ 부자의 향후 1년간 기대수익률 변화

■ 0~5% 미만 이익　■ 5~10% 미만 이익　■ 10~20% 미만 이익　■ 20% 이상 이익

(%)

자료: Korean Wealth Report 각 호

그러나 가장 높은 수익률 구간의 비중이 대중부유층이나 일반인에 비해 낮다는 점은 부자들이 지나치게 무리한 투자는 하지 않는다는 것을 의미한다.

PB들의 인터뷰에 따르면, 몇 해 전 사모펀드로 인해 피해를 본 부자들이 있기는 했으나 자산이 많은 부자들은 피해가 별로 없었던 것으로 알려졌다. 왜냐하면 높은 위험을 감수하고 사모펀드에 투자한 자산가가 많지 않았기 때문이다.

부자들은 은행에서 제공하는 금리 수준에 크게 연연하지 않는다. 은행을 선택하는 이유로 금리 수준은 큰 영향을 미치지 않는다는 의미다. 부자들은 시장 상황을 읽어가면서 유연하게 기대치를 조정한다.

어찌 보면 당연하게 들릴 수 있지만, 시장금리 수준, 경제 상황에 따라 합당한 수준의 기대수익률을 정하고 무리하지 않는 투자를 하는 것은 생각보다 쉽지 않다. 부자들은 높은 기대수익률의 이면엔 높은 손실률이 있다는 것을 정확히 알고 있고, 헛된 기대를 하지 않는다.

> "투자는 결국 나 자신의 탐욕과의 싸움인 것 같습니다. 과거를 돌이켜보면, 어떤 시점에 더 욕심을 부렸으면 지금보다 훨씬 많은 수익을 거두었을지도 모르겠습니다. 그래도 적당한 시점에 수익을 실현하는 방식으로 투자를 해왔고, 그 방식에 대한 확신이 있습니다. 하지만 여전히 스스로를 다스리기 위해 마음을 다잡곤 합니다."
> (부자 인터뷰 중에서)

부자의 주식 보유 기간은 상대적으로 길어

이러한 부자의 투자심리는 주식투자 패턴에도 잘 나타난다. 일반적으로 개인투자자는 기관투자자나 외국인투자자에 비해 주식 매수·매도 행태가 잦은 것으로 알려져 있다. 그런데 부자는 대중부유층이나 일반인에 비해 주식을 좀 더 오래 보유한다.

주식 매도 시점을 살펴보면, 주가가 하락하여 손절하는 시기는 대중부유층 및 일반인과 차이가 없으나 수익을 실현할 때는 좀 더 오래 보유한다. 대중부유층은 19%, 일반인은 15%의 수익이 발생했을 때 주식을 매도하는 반면, 부자는 23%의 수익이 발생하는 시점에 주식을 매도하여 대중부유층이나 일반인에 비

▶ 부자의 주식 매도 타이밍

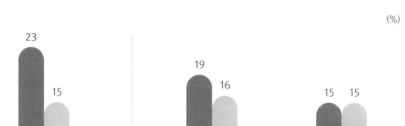

■ 수익 실현 타이밍(몇 % 상승하면 매도하는가)　■ 손절매 타이밍(몇 % 하락하면 매도하는가)

(%)

	부자	대중부유층	일반인
수익 실현 타이밍	23	19	15
손절매 타이밍	15	16	15

자료: Korean Wealth Report 2022

▶ 부자의 주식 보유 지속 여부

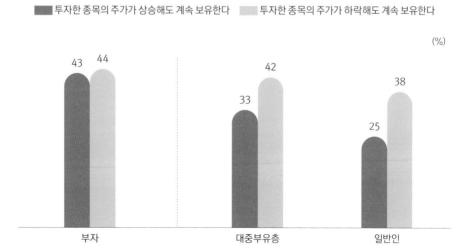

■ 투자한 종목의 주가가 상승해도 계속 보유한다　■ 투자한 종목의 주가가 하락해도 계속 보유한다

(%)

	부자	대중부유층	일반인
상승해도 계속 보유	43	33	25
하락해도 계속 보유	44	42	38

자료: Korean Wealth Report 2022

해 좀 더 오래 주식을 보유함으로써 더 높은 수익을 거둔다.

또한, 부자는 투자 종목의 상승 및 하락에 관계없이 대중부유층이나 일반인에 비해 주식을 오래 보유한다. 투자 종목이 상승할 경우 지속적으로 보유한 비중이 대중부유층 33%, 일반인 25%인 반면, 부자는 43%로 더 높다.

이는 부자의 주식투자는 대부분 여유자금으로 운용되고, 특히 일반인에 비해 충분한 시간적 여유를 갖고 투자할 수 있기 때문이다. 투자에 있어 시간적·금전적으로 여유가 있다는 것이다.

"주식은 장기 보유할 의도가 아니어도 환매해서 딱히 쓸 목적이 없다 보니 계속 보유하는 것 같습니다."
(부자 인터뷰 중에서)

"손실이 나더라도 매도하는 편이 아닙니다. 장기적으로 갖고 가요. 우량 주식에 투자하기 때문에 언젠가는 회복될 것이라는 믿음이 있기 때문입니다."
(부자 인터뷰 중에서)

17 ·········· 투자 정보는 인적 네트워크로부터

부자가 일반인보다 금융지식의 수준이 탁월하게 높아서 부자가 된 것은 아니다. 본인의 전공 분야에 대해서는 더할 나위 없이 뛰어난 지식을 가지고 있어도 금융에는 문외한인 경우도 많다.

그러나 일반인에 비해 부자가 접하는 정보 채널이 훨씬 직접적이며 정보를 획득하는 시간도 훨씬 빠르다. 부자는 스타트업을 홍보하는 자리인 데모데이에 적극적으로 참여하거나 일반인에 비해 스타트업 CEO나 임원들과의 직접적인 교류를 통해 정보를 습득할 기회가 많다. 또한, 부자들은 사업가 모임 등 믿을 만한 네트워크를 통해 투자 가치가 있는 비상장기업에 대한 성보를 교류하기도 한다.

이러한 과정에서 부자는 점차 투자에 대한 안목을 키워나간다. 일반인의 경우 이러한 기회 자체를 얻기가 어려우며 관련 정

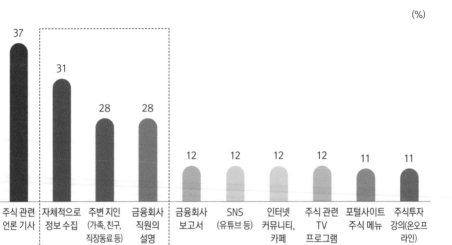

(%)

37 주식 관련 언론 기사

31 자체적으로 정보 수집

28 주변 지인 (가족, 친구, 직장동료 등)

28 금융회사 직원의 설명

12 금융회사 보고서

12 SNS (유튜브 등)

12 인터넷 커뮤니티, 카페

12 주식 관련 TV 프로그램

11 포털사이트 주식 메뉴

11 주식투자 강의(온오프라인)

자료: Korean Wealth Report 2021

보도 다른 일반인을 통해서 다소 부정확한 정보를 입수하거나 시기상으로도 한발 늦은 시점에 입수하여 투자 시 오히려 낭패를 보는 경우도 생긴다.

주식투자 정보를 어디에서 얻는가에 대한 조사 결과 자체적인 정보 수집이나 주변 지인 비중이 높게 나타났다. 이는 부자가 투자 정보를 얻을 때 인적 정보 채널을 적극적으로 활용하고 있음을 보여주는 것이라 하겠다.

부동산 부자 vs 주식 부자

지금까지 살펴본 부자의 포트폴리오는 부자의 평균적인 자산 구성 비율이다. 그런데 개인별 포트폴리오를 들여다보면 극단적으로 주식을 많이 가지고 있거나 부동산을 많이 보유한 부자도 있다.

부동산 투자를 하지 않는 부자는 극히 드물지만 부동산 관리에 대한 부담이 큰 부자의 경우 거주주택 1채 정도만 보유하고 다른 부동산 투자를 하지 않는 경우도 있다. 물론 변동성이 큰 주식투자를 꺼려하면서 주식이나 펀드투자를 전혀 하지 않는 부자도 상당수다.

부자 3명 중 1명은 주식이나 펀드에 전혀 투자하지 않거나 전체 자산의 5% 미만을 보유하고 있다(2021년). 전체 자산 중 부동산이 차지하는 비중이 70% 이상인 부자를 '부동산 부자', 주식 및 펀드 보유 비중이 70% 이상을 차지하는 부자를 '주식 부자'로 분류하여 비중을 살펴보았다.

2021년 기준으로 부자 5명 중 1명은 부동산 부자(20.5%)이고, 주식 부자는 50명 중 1명 수준(2.4%)이다. 2011년 조사에서도 부동산 부자와 주식 부자는 각각 20%, 2%였다. 비슷한 수준이다.

부동산 부자가 부동산에 집중적으로 투자하고, 주식 부자가 주식에 집중적으로 투자하는 이유는 무엇일까? 부자의 투자 성향은 전적으로 개인의 투자 경험에 따라 달라진다. 특정 자산에 대한 투자에서 실패한 적이 있으면 해당 자산에 대한 투자를 극히 꺼린다. 반면 어떤 자산으로 부를 증식하는 데 성공했다면 그 자산에 대해 적극적인 투자자가 된다.

부동산 투자에 관심을 갖지 않는 부자는 그동안 상가나 오피스텔 투자로 손실을 봤거나 부정적인 일을 겪었던 적이 있는 경우가 많다.

그리고 주식매매를 직접 해본 경험이 있는 부자는 그렇지 않은 부자에 비해 상장주식부터 비상장주식까지 위험을 안고 투자하는 데 상대적으로 거리낌이 없는 편이다.

특히, 부자 중에서도 기업을 경영하는 CEO는 회사의 메커니즘을 알고 있고 특정 영역에 있어서는 세부적인 부분까지 알고 있거나 특정 회사에 대한 정보를 가지고 있어 기업 가치에 투자하는 일이 많다. (주로 네트워크를 통한 정보 습득이 많다.) 그러한 투자에 있어서는 결단력 있고 기민하게 실행한다.

물론, 부자는 본인이 감당할 수 있을 정도만 위험자산에 투자한다. 그리고 작은 변화에 전전긍긍하며 자산 포트폴리오를 급하게 자주 바꾸는 등의 행동을 하지 않는다. 시장의 흐름을 냉

철히 파악하고 본인들의 판단을 믿고 감내할 수 있는 수준에서 '기다리는' 투자를 한다.

결론적으로, 부자는 본인이 알지 못하는 분야에는 투자를 잘 하지 않거나 신중한 편이고, 본인이 잘 아는 분야에는 정확한 타이밍에 적극적이고 과감한 투자를 한다. 아울러 확실한 투자처에 대해서는 비용이나 수수료를 아끼지 않는다.

제3장

대한민국 부자
샅샅이 살펴보기

부자는 작은 돈도 소중히 여기고 성실함과 타인에 대한 배려가 몸에 배어 있으며, 차별화된 네트워크를 형성하고 관리한다. 40대 초반에 본격적으로 자산 축적을 위한 시드머니를 마련한 이들은 사업, 부모로부터 받은 상속·증여, 부동산과 금융자산 투자 등 다양한 수단으로 부를 형성해왔다. 근로소득이 주 소득 원천인 일반인에 비해 부자는 재산소득의 비중이 월등히 높아 시간과 노동 투여를 안 해도 돈이 쌓이는 자산 포트폴리오를 구축해 놓았다. 부자가 얼마나 어떻게 돈을 벌고, 어디에 소비하는지, 어디에 살고 있는지, 사회에 얼마나 환원하고 있는지, 은퇴 후에는 어떤 삶을 꿈꾸는지 부자의 돈벌이 수단과 일상생활을 보다 자세히 살펴보자.

01 ·········· PB가 생각하는
부자의 모습

실행력, 추진력이 있다

많은 은행 PB들은 부자의 특징으로 '실행력'을 언급한다.

"그들은 본인이 추구하는 삶의 가치관이 뚜렷합니다. 회사를 키우고 싶어 하는 사람은 당장 회사에 수익이 나지 않더라도, 시장 상황이 좋지 않더라도, 일관된 목표를 향해 나아가려는 의지가 강합니다. 건물을 올리는 사람은 금리가 높더라도 지금이 건물을 지을 시기라고 판단하면 중도에 포기하는 법이 없죠. 사업을 확대하려는 사람은 어떤 역경에도 본인의 의지대로 추진해 나갑니다. 그들의 실행력은 남다르다고 느꼈습니다."

"부자는 환경 변화에 적응하려는 노력을 많이 한 사람이라고 생각합니다. 도전적인 마인드가 있고 새로운 것에 대해서도 개방적입니다. 실행력이 높은 사람들이죠."

이와 같은 PB들의 경험적 설명은 이들이 생각을 행동으로 옮기는 데 누구보다 적극적임을 말해준다.

성실함은 기본, 매사 최선을 다해 노력한다

앞에서 부자의 유형을 상속형 부자와 자수성가형 부자로 분류했는데, 상속형 부자이든 자수성가형 부자이든 부자가 된 가장 중요한 요인을 본인의 성실성에서 찾았다. 근면 성실하게 정도에 따라 자산을 관리하고 축적하면서 부자가 되었다고 생각한다는 것이다. 이는 오래전에 조사된 내용이기는 하지만 지금 같은 질문을 하더라도 비슷한 결과가 예상된다. PB들의 인터뷰에서도 성실성을 부자의 비결 중 하나로 언급하고 있다. "부자는 그냥 부자가 된 것이 아니라 자신만의 특별한 노력에 의해 달성됩니다"라고 PB들은 입을 모은다.

실제로 부자와의 대화에서도 이런 면모는 여실히 드러난다. 시골에서 태어나 대기업 임원으로 퇴임한 A회장에게 부를 형성한 비결을 묻자 다음과 같이 답했다.

> "돈은 회사 일을 열심히 하면 성과로 따라오는 것이라고 생각했습니다. 따로 돈을 벌어야겠다는 생각은 없었어요. 우선 직장인으로서 업무를 열심히 하는 것이 최선이라고 생각했습니다. 다음으로 조직에서 내가 제일 잘할 수 있는 것을 생각했을 때 '성실함'만은 자신 있었습니다. 성실하다는 것은 나의 최고 장점이자 경쟁력입니다."
> (부자 인터뷰 중에서)

제3장 대한민국 부자 샅샅이 살펴보기

차별화된 네트워크를 형성하고 엄격하게 관리한다

부자는 대부분 일반인들과 차별되는 독특한 네트워크를 갖고 있으며, 이를 잘 활용한다. 50~60대 재벌들도 대체로 자신들만의 네트워크를 활용해서 비즈니스를 한다. 그리고 이들의 자녀 세대도 명문 사립초등학교부터 친구가 되어 국제학교를 함께 다니면서 네트워크 안에서 교류한다. 결혼도 알고 보면 아는 집안끼리 하는 경우가 대다수다.

물론 부자가 아닌 일반인도 학연, 지연, 동호회, 각종 모임 등 다양한 네트워크나 커뮤니티가 있으며, 이곳에서 간혹 솔깃한 투자 정보를 접하기도 한다. 그러나 부자의 네트워크는 일반인들과는 차원이 다르다. 지역 내 건물주들의 모임, 사업가 모임, 셀럽모임 등 일반인이 접근하기 어려운 모임들이다. 부자동네 지역 내에서의 주부들 모임이나 종교 모임도 또 다른 예라 할 수 있다.

이런 모임에서 부자는 일반인이 접근할 수 없는 차별화된 정보를 얻는다. 자신이 가지고 있는 고급 정보를 공유하고 의견을 들으며 위험을 점검하기도 한다. 이는 부자가 추가적으로 부를 축적하는 수단이 된다. 이러한 모임, 커뮤니티는 다른 외부인들에게 차별화된다는 점에서, 즉 아무나 들어올 수 없다는 점에서 부자에게 소속감을 주고 자긍심을 주기도 한다.

자산 수준이나 부의 원천 등에 따라 커뮤니티도 차별화되는데, 이는 일종의 배타적인 카르텔로 표현할 수 있다. 같은 건물주라도 건물의 규모나 가격에 따라 다른 커뮤니티가 형성되기도 한다.

즉, 부자는 자신들만의 커뮤니티를 형성하여 다른 사람들의 유입을 엄격히 제한하거나, 반대로 원하는 커뮤니티에 소속되기 위해 노력하기도 한다.

부자는 이런 모임이나 커뮤니티에서 입수한 정보를 은행 PB나 증권사 PB를 통해 재확인하거나, 다른 곳에서 입수한 정보를 커뮤니티에서 재확인하면서 일반인과는 차별된 정보를 얻는다. 돈이 많다는 것이 장점으로 작용하여 좋은 정보를 상대적으로 쉽게 얻는 것이다.

단적으로 금융회사의 PB로부터 좋은 투자 정보를 얻기도 하는데 이는 일반인에게 제공되지 않는 경우가 대부분이다. 예를 들어 고수익 상품인 사모펀드, 신탁상품(비상장주식, 회사채 등) 등은 일정 이상의 투자금액이 필요한 반면, 투자 대상 상품의 총투자 규모가 제한되어 특정 부자 고객에게만 제공되는 경우가 많다.

즉, 그들만의 리그가 존재하는 것이다. 부자는 차별화된 정보를 바탕으로 자연스럽게 투자 경험을 쌓고 시야를 넓힌다.

매너가 있고 타인에 대한 배려가 몸에 배어 있다

부자라고 하면 예전 영화나 드라마에 많이 등장하듯이 돈은 많지만 매너가 없어 아랫사람을 함부로 부리는 재벌가 사람의 이미지가 떠오르기도 한다.

그러나 현실은 이와는 반대로 품격 있는 성품을 보유한 부자가 많다. 이들은 생각이 건강하고 유연하면서 상대방 애기에 귀가 열려 있다. 사람을 다루는 법을 알고 있으며 다방면으로 사람과의 관계를 중요시한다.

특히 사회적으로 성공한 대기업 경영자, 사업가 등은 많은 사람을 접하고 관리해야 하는 일이 잦은 만큼 사람에 대한 매너가 기본적으로 몸에 배어 있다. 업무가 아닌 일반적인 생활에서의 관계에서도 배려가 묻어난다. PB들이 자주 접하는 모범적인 부자의 모습이다.

진정한 부자는 기본 행동에 매너가 있으며 지식이 풍부하고 남에게 베푸는 걸 좋아한다. 자기 자신에게는 엄격하지만 타인에 대한 배려에 익숙하다. 이러한 성품은 보통 습관적으로 나타나는데, 자녀와 손자 세대도 이러한 특성을 지니도록 교육을 받는다.

자녀들의 경우 어릴 적부터 부족함 없이 자라고 친구들과의 관계도 원만하여 성인이 되어서도 인성이 좋고 바른 행동을 하는 경우가 많다. 부자는 자녀들에게 상대방의 이야기를 듣고, 그 사람을 판단하고 선택할 수 있는 능력을 길러주고자 모범을 보임으로써 재산뿐만 아니라 성품도 대물림되도록 한다. 그것이 자신들의 부를 지켜나가는 방식이기도 하다. 어려서부터 좋은 교육을 받고 사회적 성공을 이룬 경우가 많다 보니 이러한 성품들이 습관적으로 나오는 것 같다. 부자다운 부자가 점점 늘어나고 있다. 은행에서 근무하는 PB들은 "이 업무를 하면서 가장 좋은 점은 사회적 성공을 이룬 사람들을 만나는 것과 그들의 경험담을 듣는 것"이라고 말한다.

우리나라 자본주의를 천민 자본주의라고 통칭하던 시대가 있었는데, 지금은 더욱 성숙한, 귀족 자본주의로 접어들고 있는 과정인 것 같다.

아내와 함께 은퇴 라이프를 즐기고 있는 60대 자산가는 이렇게 말한다.

"인생 성공의 키는 애티튜드(태도)입니다. 이건 만고의 진리입니다. 사랑받는 방법이기도 하죠. 인격과 이타적인 생각과 행동이 진정한 상류층을 결정짓는 요소가 아니겠습니까?"
(부자 인터뷰 중에서)

'작은 돈'도 소중히 여기고 경제 관념에 대해 끝없이 교육한다

돈에 대한 개념, 돈에 대한 집착이 있다는 점은 부자의 공통점으로 꼽을 수 있겠다. 돈에 대한 태도에서 더 나아가 '돈에 대한 전략'이라고 표현한 PB도 있었다. 작은 돈이라도 소중히 여기고, 돈의 끝전까지 확실히 챙기고 관리한다.

특히 70~80대 부자는 절약 정신이 몸에 배어 있는데, PB와 상담할 때 메모하기 위해 이면지를 달라고 하고, 전표를 이면지로 쓰겠다고 챙겨 가기도 한다. 다 닳은 신발, 낡은 지갑은 다반사다.

물론 그보다 연령대가 낮은 부자의 경우, 자기 자신과 가족에 대한 투자를 많이 한다. 특히 건강, 사교모임, 인테리어, 자기관리, 취미 등 인생을 풍요롭게 하는 것들에 대해 아낌없이 투자를 하지만, 그 외에는 크게 사치스럽지 않다. 결코 돈을 헤프게 쓰지 않는다. 본인이 생각할 때 필요 없는 소비라고 세운 기준에 엄격하다.

작은 돈이라도 아끼고 귀하게 여기는 돈에 대한 태도, 그 태도가 부자가 되기 위한 아주 기본적인 바탕이라고도 할 수 있다. 돈의 그릇이 갖춰지지 않은 부자는 갑자기 많은 부가 주어지더라도 그 부를 감당해내고 영속하기 어렵다.

이들은 경제적 의사결정을 도와주는 사람에게 배려와 예의는 기본이고, 베풂 또한 후하다. 더불어 경제적으로 중요한 의사결정에 자녀를 참여시켜 간접경험을 하게 하는 생생한 교육을 하기도 한다.

예컨대 빌딩을 매입한다든가, 사업체를 매각하는 등의 의사결정의 자리에 성년의 자녀들을 불러 (발언권이나 의사결정 권한이 없더라도) 보고 듣게 한다. 후세대들은 이런 방식으로 부를 감당하고 키워나가기 위한 기본기를 체득한다.

부자의 '가치 소비'에 대한 가치관이 달라지고 있다

부자의 소비 행태 색깔이 변해가고 있다. 요즘 50~60대 부자와 그 부모 세대인 70~80대 부자의 소비 방식에도 변화가 생겼다. 과거 부자는 자기 자신에 대한 소비를 절약하는 편이었다. 따라서 예전 회장님을 보면 옷차림도 수수하여 교복처럼 같은 옷을 주로 입는 분들도 많았고, 지갑 같은 경우에도 많이 닳아 있는 편이었다.

반면, 요즘 젊은 40~60대 부자는 합리적이며 개인주의적인 소비 행태를 가지고 있다. 자기관리, 사교모임, 건강, 취미, 휴식 등 나 자신을 위해 가치가 있다고 판단하는 일에는 아낌없이 소비한다.

과거에는 재산을 아껴 써서 자식에게 물려줘야 된다는 인식이 강했다면, 요즘은 남들과 자식들의 눈치를 보지 않고 내가 마음이 있다면 기부를 하는 점에서 변화가 있는 것으로 보인다.

요즘 50~60대 부자의 소비 행태 변화를 보면 저축 및 투자를 우선순위로 하여 향후 자녀에게 물려주기보다는 현재의 나를 위해 내 중심적으로 소비한다는 점이 발견된다.

02 ·············· 부자의 MBTI: 부자는 TJ형(이성적·계획적)이 많다

"스스로 느끼기에도 열정적으로, 열심히 살아왔습니다. 남들보다 시간관리를 철저하게 해왔고 시간을 낭비한 적이 거의 없습니다. 저는 낮잠을 잔 적이 없어요."

직장생활을 하다가 자기 사업을 하고 싶다는 꿈을 가지고 퇴사 후 의료기기 사업으로 큰 부를 축적한 어떤 은행 고객의 이야기다.

사람의 성격 유형을 파악하는 MBTI(Myers-Briggs Type Indicator)로 부자의 특징을 파악한다면 부자는 어떤 유형이 가장 많을까? MBTI의 과학적 근거에 대한 논란이 많은 만큼 부자의 MBTI는 단지 재미로 엿보기로 하자.

MBTI는 마이어스(Myers)와 브릭스(Briggs)가 정신분석학자인 칼 구스타프 융(Carl Gustav Jung)의 '심리학적 유형론'을 근거로 개발한 심리 유형 검사다. 융은 인간의 경향성을 I(내향형)와 E(외향

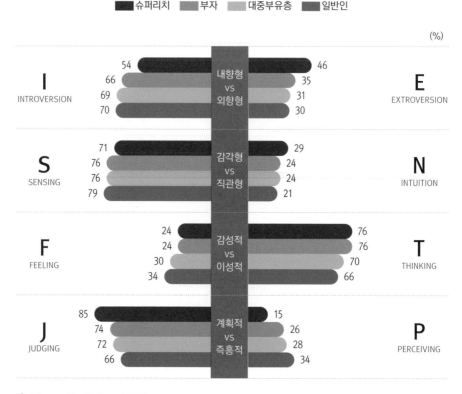

■ 슈퍼리치　■ 부자　■ 대중부유층　■ 일반인

(%)

I INTROVERSION	내향형 vs 외향형	E EXTROVERSION
54 / 66 / 69 / 70		46 / 35 / 31 / 30
S SENSING	감각형 vs 직관형	N INTUITION
71 / 76 / 76 / 79		29 / 24 / 24 / 21
F FEELING	감성적 vs 이성적	T THINKING
24 / 24 / 30 / 34		76 / 76 / 70 / 66
J JUDGING	계획적 vs 즉흥적	P PERCEIVING
85 / 74 / 72 / 66		15 / 26 / 28 / 34

자료: Korean Wealth Report 2023

형), S(감각형)와 N(직관형), T(이성적)와 F(감정적)라는 세 가지 축으로 설명했는데, 마이어스와 브릭스는 J(계획적)와 P(즉흥적)의 기준을 더해 4가지 요인으로 16가지(2×2×2×2) 성격 유형을 만들어 냈다. 이를테면 INFP형은 내향적이고 직관적이면서 감성적이고 즉흥적인 사람을 의미한다.

한국인은 ISTJ 유형이 가장 많은데, ISTJ에 해당되는 사람들은 조용하고 신중하면서도 현실적이고 책임감이 강한 '현실주의

자'로 묘사된다. 전통과 성실을 가치 있게 여기는 특징도 보인다.

슈퍼리치(Super rich)*는 ESTJ 비중 높아

그런데 금융자산 규모별로 성격 유형을 살펴보면, 금융자산 규모가 클수록 I(내향형)나 S(감각형)의 사람들 비율이 작아지고, T(이성적), J(계획적)인 사람들의 비율이 커진다.

금융자산 관리가 하루아침에 이루어지는 것이 아니라 시장을 정확하게 판단하고 꾸준히 실행해야 한다는 점에서 TJ(사고·계획)형이 FP(감정·충동)형보다는 부를 축적하기에 용이했을 것으로 보인다.

금융자산을 100억 원 이상 보유하거나 총자산 300억 원 이상을 보유한 슈퍼리치 집단에서 가장 높은 비율을 보였던 MBTI 성격 유형은 ESTJ형이다. 일반인 사이에서 ESTJ의 비율은 9%에 불과하지만 슈퍼리치 중에서는 3배 가까운 27%의 비율을 보였다.

> "왜 사회에서 성공하는지를 묻는다면 그분에게 어울리는 답은 '모든 순간에 진심이었다'는 이야기가 어울릴 정도로 매사에 성실하고 스스로 부끄러움 없이 사신 분 같았어요."
> (PB 인터뷰 중에서)

---

* 슈퍼리치는 금융자산 100억 원 이상 또는 총자산 300억 원 이상을 보유한 부자를 의미한다.

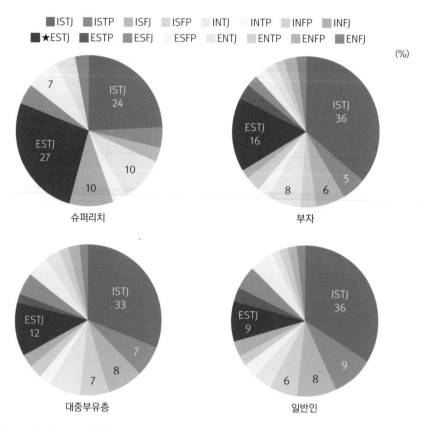

자료: Korean Wealth Report 2023

ESTJ는 흔히 '지도자형', '경영자형'으로 평가받는다. 이들은 현실적이고 사회적 질서를 중시한다. 그리고 일을 하는 데 있어서 상당한 추진력을 발휘한다. 또한 자기관리가 철저하다. 이는 바로 앞 절에 나오는 'PB들이 생각하는 부자'에서 설명하는 부자의 특징인 실행력, 성실함과 무관하지 않다.

독일에서도 지난해 부자의 기질과 성향을 연구해서 발표한

▶ 부자의 직업별 성격 유형

(%)

	기업체 임원	기업 경영자	자영업자	회사원	의료·법조계 전문직	부동산 임대업자	은퇴생활자	주부
ISTJ	37	25	32	35	42	30	40	33
ISTP	4	8	3	5	6	5	6	5
ISFJ	4	6	8	7	5	8	2	11
ISFP	1	1	3	6	1	5	2	6
INTJ	10	5	0	6	8	23	8	5
INTP	0	0	2	4	0	5	4	2
INFP	1	3	3	2	3	3	8	4
INFJ	1	3	3	1	3	3	1	2
ESTJ	27	28	21	17	15	10	14	10
ESTP	4	8	2	1	3	0	5	4
ESFJ	1	5	2	4	3	5	0	6
ESFP	1	4	7	5	2	3	2	6
ENTJ	1	3	3	2	3	3	4	3
ENTP	1	1	2	1	2	0	2	0
ENFP	1	1	10	1	3	0	3	2
ENFJ	3	1	0	2	2	0	1	2

자료: Korean Wealth Report 2023

내용이 있다. SOEP(Socio-Economic Panel)*에 따르면 고액자산가들이 전체 인구에 비해서 더욱 성실하며 외향적이고 경험을 즐기는 개방성을 가지고 있다고 한다.

부자의 직업별 MBTI를 살펴보면, 의료·법조계 전문직은 ISTJ형이 부자 전체 평균 비율보다 현저히 높고, 기업 경영자는 ESTJ형이 높다. 부동산 임대업자는 INTJ형, 자영업자는 ENFP형이 다른 직업에 비해 상대적으로 높은 비율을 보이기도 했다.

---

* 독일경제연구소 사회·경제 패널

03 ———— 현재의 부는
어떻게 시작되었나?

부자는 평균적으로 41.3세에 시드머니를 마련했다. 구체적으로 살펴보면, 연령대별로 시드머니를 확보한 시점은 달랐다.

40대 이하 젊은 부자의 경우에는 34.8세에 시드머니를 마련했다고 대답했다. 50대 부자는 39.7세, 60대 부자는 42.5세, 70대 이상의 경우에는 44.7세라고 대답했다.

이렇게 마련한 시드머니를 키워 부자가 된 후, 65.2세 즈음 자녀들에게 증여하고, 82.7세에 상속을 했다.

그러면 부자는 어떻게 시드머니를 마련했을까?

시드머니는 주로 사업소득에서 확보

시드머니를 확보한 1순위 수단은 사업소득이 32%로 가장 많았다. 그다음으로 상속·증여(25%), 근로소득(19%), 부동산 투자(18%) 등의 순이었다. 시드머니 확보에 있어 상속과 증여 비중

자료: Korean Wealth Report 2019

도 높은 편이다.

그러나 복수응답(1, 2, 3순위)에서는 부동산 투자가 64%를 차지했고 금융투자(54%), 사업(52%), 근로소득(45%), 상속·증여 (42%) 순이었다.

1순위 수단으로 '사업소득'이 꼽힌 것은 사업이 가장 유용한 부의 형성 수단임을 보여준다.

반면 복수응답에 부동산 투자가 가장 많은 것은 근로소득만 있는 부자, 예를 들어 기업체 임원이나 전문직, 회사원들의 경우 부동산 투자가 자산을 형성하는 데 매우 중요한 수단이었음을 보여준다.

시드머니 확보 후에도 자산 축적은 사업소득으로

시드머니를 확보한 후 이를 기반으로 자산을 축적해나가

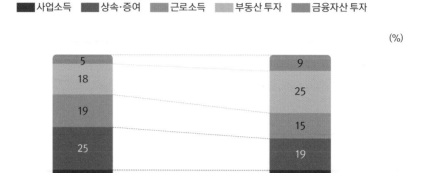

자료: Korean Wealth Report 2020

는 데 가장 기여도가 높은 수단을 묻는 질문에서도 사업소득
이 32%로 가장 많았다. 그다음은 부동산 투자(25%), 상속·증여
(19%), 근로소득(15%), 금융자산 투자(9%) 등의 순이다. 부자가 자
산을 축적한 수단 역시 사업이거나 부동산 투자임을 알 수 있
다.

　마찬가지로 자산축적 수단의 복수응답(1, 2, 3순위)에서는 부
동산 투자가 69%로 가장 많았다. 그 뒤는 역시 금융투자(58%),
사업(54%), 근로소득(42%), 상속·증여(35%) 순이었다.

　부자는 대체로 아래의 4가지 계기를 통해 부자 대열에 오르
거나, 이미 부자인 경우 부의 퀀텀 점프가 일어난 것으로 파악되
었다.

① 운영하고 있는 사업체의 성공이나 매각

② 부모로부터의 상속이나 증여

③ 부동산, 금융자산 등 자산가치 상승에 따른 시세 차익

④ 위기 상황에서의 탁월한 대응(1998년 IMF 외환위기, 2008년 글로벌 금융위기, 2020년 팬데믹 위기)

"대학 졸업 이후 아버지 회사를 도와드리는 일을 했는데, 아버지 회사가 부도가 났고 저는 회사를 정리하는 일을 하면서 금융에 관해 좀 터득했던 것 같습니다. 그 이후 현금을 쌓기 위해 노력해 왔습니다. 부를 축적하는 데 기여했던 것은 사업을 트렌드에 맞게 자꾸 바꾸어왔던 점입니다. 물론 업종을 바꿔서 실패한 적도 있었고, 일이 안 될 때도 있었지만 발 빠르게 사업 영역을 바꿔가면서 확보한 사업소득을 기반으로 현재의 부를 형성했습니다."
(부자 인터뷰 중에서)

"평범한 직장생활을 했던 엔지니어인데, 돈을 더 벌고 싶다는 생각으로 퇴사를 해서 학원을 운영했습니다. 그때 현금 확보를 해서 블록체인 사업에 뛰어들었죠. 가상자산 활성화 시기에 시드머니를 확보했던 것이 지금의 자산을 만들어준 것 같습니다. 그 이후에 시장이 2년 정도 상당한 침체기를 겪었고 자금이 부족했을 때 투자했던 것이 유효했습니다."
(부자 인터뷰 중에서)

"지금의 자산은 30여 년간 일해서 차곡차곡 모은 것이고, 크게 투자를 했던 것은 없습니다. 그동안 ELS, 펀드 등 금융상품을 이용했지만 이익이 난 것도 있고 아닌 것도 있습니다."
(부자 인터뷰 중에서)

"저는 그나마 뭔가를 사면 팔지 않는 재주가 있어서 지금의 자산을 모을 수 있었던 것 같습니다. 은행의 추천으로 사업장 인근에 있는 땅을 사서 계속 보유했는데 땅값이 많이 올랐습니다. 다른 지역에 땅을 구입했던 사람들은 많이 팔고 나갔는데, 저는 나이도 있고 해서 땅을 정리하지 않았습니다. 땅값이 지금은 2배 이상으로 올랐습니다."

(부자 인터뷰 중에서)

제3장 대한민국 부자 샅샅이 살펴보기

04 ·········· 부자의 직업별
자산 포트폴리오 비교

부자의 직업 분포를 보면, 일반인보다 기업체 임원과 기업 경영자, 의료·법조계 전문직 비중이 높은 편이다. 2021년 기준으로 부자 중 기업체 임원과 기업 경영자 비중이 각각 12%, 14%인 반면, 일반인 중 기업체 임원과 기업 경영자는 각각 3%, 1%이었다. 의료·법조계 전문직의 경우 부자는 19%이고, 일반인은 4%였다. 부자는 은퇴생활자 비중도 15%로 일반인보다 높았다.

부자와 일반인의 직업 분포에 차이가 있는 만큼 자산 포트폴리오에도 약간의 차이를 보였다. 기본적으로 부자는 다양한 직업군을 형성한 반면, 일반인은 회사원 비중이 훨씬 높다. 부자는 부동산보다 주식, 펀드·신탁 등 투자자산의 비중이 일반인에 비해 상대적으로 높은 편이다. 회사원 비중이 높은 일반인은 부자에 비해 전체 자산 중 부동산의 비중이 높은데 이는 일반인의 소득 원천 대부분이 근로소득이기에 가격이 높은 부동산

▶ 부자와 일반인의 직업 유형

(%)

	부자	일반인
기업체 임원	12	3
기업 경영자	14	1
자영업자	13	13
회사원	15	62
공무원	2	3
의료·법조계 전문직	19	4
교육계 전문직	4	4
부동산 임대업자	4	1
예체능 종사자	0.1	1
은퇴생활자	15	6
기타	2	2

자료: Korean Wealth Report 2022

구매를 위해 그간 축적한 자산을 모두 부동산으로 이동시키고 필요시 대출도 이용하기 때문에 부동산 구매 후에도 자금을 확보해 다른 투자 수단에 자금을 투입하기까지 상당한 시간이 소요되기 때문이다.

부자의 직업별 자산 포트폴리오를 살펴보면, 부동산 임대업자를 제외하면 자영업을 하거나 전문직에 종사하는 부자의 부동산 비중이 다른 직업을 가진 부자에 비해 상대적으로 높다.

자영업을 하는 부자의 부동산 비중은 64%, 전문직에 종사하는 부자의 부동산 비중은 61%이다.

자영업자와 전문직은 10여 년 전에 비해 부동산 비중이 크게 늘어났다. 자영업자는 2011년 대비 부동산 비중이 무려 17%p가 증가했고, 전문직은 9%p가 증가했다. 반면 기업 경영

제3장 대한민국 부자 샅샅이 살펴보기

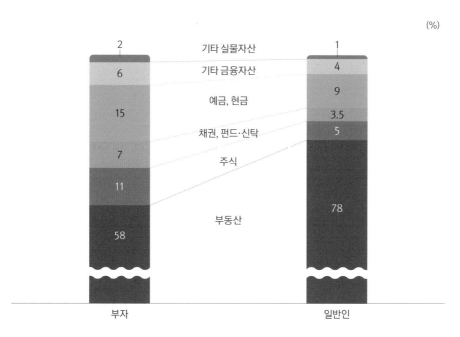

(%)

	부자	일반인
기타 실물자산	2	1
기타 금융자산	6	4
예금, 현금	15	9
채권, 펀드·신탁	7	3.5
주식	11	5
부동산	58	78

자료: Korean Wealth Report 2022

자는 10여 년 전과 똑같은 비중으로 부동산을 보유하고 있다.

주식 보유율이 가장 높은 부자는 기업 경영자로 전체 자산의 19%를 주식으로 보유하고 있다. 반면, 부동산 임대업자는 주식 보유 비중이 3%로 매우 낮다.

예금과 현금을 합한 비율은 회사원과 전문직 부자가 상대적으로 높다. 회사원은 자산의 19%를, 전문직은 18%를 예금으로 갖고 있다. 또한, 전문직은 주식이나 펀드·신탁 상품 보유 비중이 낮은 특징을 보여, 자산가치가 변동할 수 있는 금융상품을 선호하지 않음을 알 수 있다.

▶ 직업별 자산 포트폴리오 비교

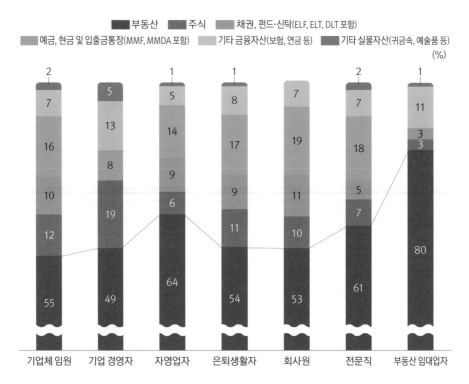

자료: Korean Wealth Report 2022

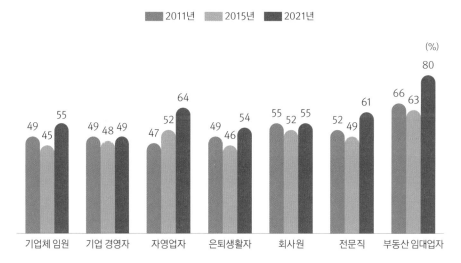

자료: Korean Wealth Report 2012, 2016, 2022

05 부자가 많이 거주하는 동네

　　서울의 발전 과정에 따라 부자가 사는 지역은 변해왔다. 과거 강남이 개발되기 이전에 일반적으로 알려진 부자의 거주 지역은 강북의 성북동, 평창동, 한남동 등이었다. 1970년대 강남 개발이 시작되고 88올림픽 전후로 강남 지역의 아파트 가격이 급상승했다. 강남 지역에 생활 편의 인프라가 구축되고 우수한 학군이 결집되는 등 명문 학군이 만들어지면서 강남 부촌이 형성되었다.

　　이러한 역사적 배경하에서 서울 강북 지역에서 강남 지역으로 부의 이전이 시작되었고, 최근에는 서울 강북에서도 용산구, 마포구, 성동구 일대가 신흥 부촌으로 부상했다.

　　각 구별로 부자 수와 금융자산 규모를 추정한 후 부자의 거주지 비중을 기준으로 7개 영역(20% 이상, 10~20%, 5~10%, 3~5%, 2~3%, 1~2%, 1% 미만)으로 분류했다.

현재 부자가 많이 거주하는 지역 분포를 보면 강남구, 서초구, 송파구, 용산구의 비중이 높다. 강남3구와 최근 부상한 용산구를 포함, 서울 4개 구에 부자의 절반 이상이 거주하는 셈이다. 다음으로 3~5%를 보인 지역은 종로구, 양천구, 성동구, 마포구 등 4개 지역이고, 2~3%는 성북구, 영등포구, 광진구 등 3개 지역이다. 나머지 지역은 점유율 2% 미만이다.

또한, 금융자산 규모 기준으로 보면 강남구, 서초구, 용산구 등 3개 지역이 점유율 10% 이상을 차지하고 송파구와 종로구가 5~10% 수준이다. 성북구와 성동구는 3~5%이고, 양천구, 마포구, 영등포구, 광진구 등 4개 지역은 2~3%이다.

강남구는 부자 수와 금융자산 규모 기준 모두 독보적인 1위를 차지하고, 다음이 서초구이다. 부자 수에 비해 금융자산 규모 기준의 점유율 구간이 바뀐 지역을 보면 송파구, 양천구, 마포구, 은평구, 강서구, 서대문구 등 6개 지역이 감소했고, 종로구는 증가했다.

전통적 선호 지역은 강남3구, 최근에는 마포구, 용산구, 성동구

2022년 현재 강남3구에 거주하는 부자는 30년 전부터 비슷한 속도로 다른 지역에서 강남3구로 이동해왔다. 예를 들어 2022년 현재 강남구에 거주하는 부자 중 30년 전부터 강남구에 거주한 사람은 29%에 불과했으나, 20년 전부터 거주한 사람은 57%, 10년 전부터 거주한 사람은 77%이다. 매 10년마다 증가 속도가 비슷하다는 것을 알 수 있다. 이러한 현상은 서초구에서도 유사하게 나타났다.

▶ 부자들의 거주지 분포 1: 부자 수 기준

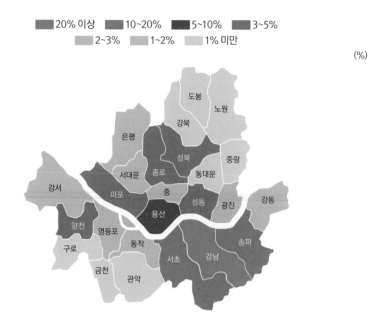

▶ 부자들의 거주지 분포 2: 금융자산 기준

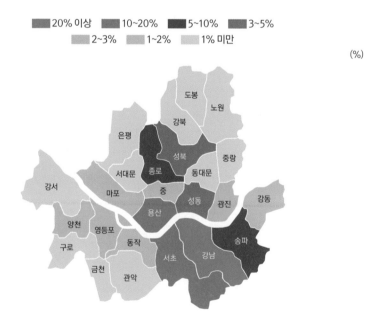

제3장 대한민국 부자 샅샅이 살펴보기

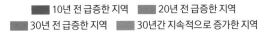

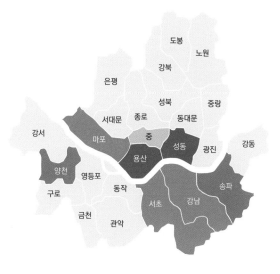

반면, 현 거주지를 기준으로 기간별로 유입이 급증한 지역을 구분해보면, 최근 10년 전에는 용산구와 성동구로 부자가 빠르게 유입되었고, 20년 전에는 마포구, 30년 전에는 양천구와 송파구에서 상대적으로 부자가 크게 증가했다.

06 ⸺ 서울 강북 부자 vs 강남 부자, 어떻게 다른가?

서울 지역을 강남과 강북으로 구분하여 부자의 특성을 비교해보니 소소한 차이점이 발견되었다. 편의상 강남3구(강남구, 서초구, 송파구)와 강남3구 외 지역으로 구분하여 강남3구 거주자를 강남 부자, 강남3구 외 지역 거주자를 강북 부자로 정의한다.

강남 부자는 평균 자산 규모가 93억 9,000만 원이고, 강북 부자는 82억 3,000만 원이었다. 이 중에서 부동산 비중을 보면 강남 부자가 강북 부자보다 높아, 강남 지역의 부동산 가격이 상대적으로 높다는 점을 반영한다.

한편 연 소득은 강북 부자가 강남 부자보다 높았다. 강북 부자의 연 소득은 4억 4,800만 원이고, 강남 부자의 연 소득은 3억 9,600만 원이었다.

직업 분포를 보면 의료·법조계 전문직은 17~18%로 비슷한 수준을 보였으나, 강남 부자의 경우 기업체 임원, 기업 경영자 비

▶ 강남 부자와 강북 부자의 자산 및 연 소득 규모

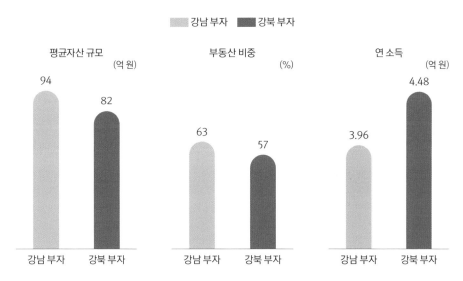

자료: Korean Wealth Report 2022

▶ 강남 부자와 강북 부자의 직업 분포

(%)

	강남 부자	강북 부자
의료·법조계 전문직	18	17
기업체 임원	14	12
기업 경영자	15	13
은퇴생활자	15	18
자영업자	12	11
회사원	11	17
부동산 임대업자	6	3
교육계 전문직	5	3
공무원	1	3

자료: Korean Wealth Report 2022

▶ 자산 형성 방법

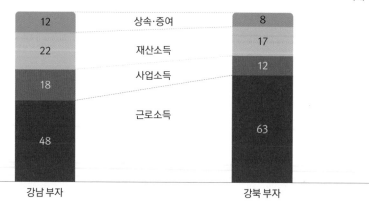

(%)

자료: Korean Wealth Report 2022

중이 상대적으로 높게 나타났다. 강북 부자는 은퇴생활자, 회사원 비중이 높았으며, 공무원 비중이 상대적으로 높았다.

　자산 형성 방법에 있어서는 강남 부자가 강북 부자에 비해 다양한 방법으로 자산을 모았다. 강남 부자와 강북 부자 모두 근로소득 비중이 가장 높았으나, 회사원 비중이 높은 강북 부자의 근로소득 비중은 63%로 강남 부자의 48%에 비해 훨씬 높았다. 강남 부자는 사업소득(18%)과 상속·증여(12%)를 통한 자산 형성 비중이 강북 부자의 사업소득(16%), 상속·증여(8%) 비중보다 높게 나타났다.

　강남 부자와 강북 부자는 금융자산 포트폴리오에도 다소 차이가 있었다. 강남 부자는 강북 부자에 비해 주식 및 ETF, 가상자산 보유 비율이 높았다. 2021년 시장을 뜨겁게 달궜던 상품들을 상대적으로 많이 보유하고 있었다. 유동성이 풍부했던 시

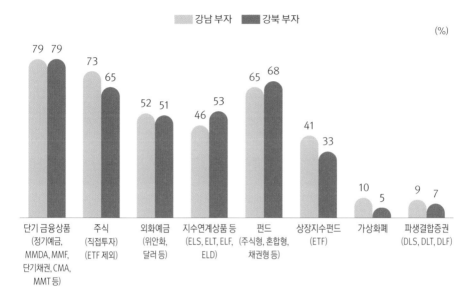

자료: Korean Wealth Report 2022

기, 강남 부자는 강북 부자에 비해 상대적으로 직접투자를 선호

했던 것으로 보인다.

07 ·············· 부자가 선호하는
주거 형태

부자가 거주하는 주택 형태도 변하고 있다. 서울 강북 지역의 부촌은 폐쇄성이 강조되는 단독주택이라면, 서울 강남 지역의 부촌은 실용성과 편리한 주거환경이 강조된 고급 아파트 또는 주상복합 아파트라고 할 수 있다.

전통적으로 부자의 거주지에 대한 이미지는 대중교통으로 접근이 어려운 성북동, 평창동 같은 동네의 높은 담벼락에 둘러싸여 있고, 잘 정돈된 정원이 있는 단독주택이었다. 현재도 전통 부촌의 명맥은 유지되고 있다. 이들 지역은 남다른 폐쇄성을 바탕으로 다른 지역과 구분된다.

10년 전에 비해 신흥 부촌으로 부상한 지역은 새 아파트 효과가 크다. 과거 노후 주택이 많았으나 재개발·재건축 사업에 힘입어 빠르게 변화했다.

마포구 지역은 재개발이 진행되고 교통 인프라가 빠른 속도

제3장 대한민국 부자 샅샅이 살펴보기

로 개선되었고 여의도·광화문 업무 지구와 가까운 측면이, 성동구 일대는 강남으로의 편한 출퇴근, 서울숲과의 인접성, 한강 조망권 등이 부각되면서 신흥 부촌으로 성장했다. 특히 고급스러운 문화공간 및 편의시설이 부가된 고급 아파트나 주상복합 단지가 들어서면서 부자를 끌어들였다.

각 지역의 부촌이 언제, 어떻게 형성되었는가에 따라 거주하는 부자의 모습도 다르다. 은행 PB들에 따르면, 평창동이나 성북동 같은 전통 부촌 지역은 상대적으로 고령이거나, 그룹 오너 및 오너 일가 등 태생적으로 부자인 사람이 많은 편이다. 접근성이 떨어지는 만큼 공기가 좋고 사생활 보호가 잘되는 특유의 폐쇄성을 선호한다. 재벌 1세대들이 많으며 여유 있는 삶을 누린다.

이에 비해 서울 강남 지역 부자는 상대적으로 젊고 전문직 비중이 높으며 취미생활, 운동, 사교모임 등 라이프스타일을 유지하기 위해 시간을 나눠서 쓰는 편이다. 특히 교육 문제나 전문직 특성 등으로 인해 부자가 많이 거주하는 곳으로 알려진 서초동, 잠원동, 대치동, 방배동 일대에는 변호사, 의사 등 전문직이 많으며 자녀 교육에 관심이 큰 부자가 많이 포진하고 있다.

최근에는 한남동에 고급 아파트가 많이 생기면서 재벌 3세대나 젊은 부자가 강남에서 이사하는 경우가 많아졌다. 부자는 부자가 많이 거주하는 지역으로 이동하는 경향을 볼 수 있다.

결혼한 자녀와 근거리에 거주

결혼한 자녀와의 주거지 근접도를 살펴보면 도보로 10분 이내에 사는 비중이 16%로 나타났다. 아파트 같은 동이나 옆 동

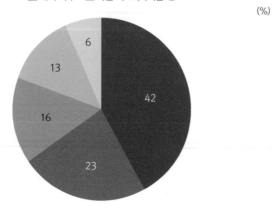

▶ **결혼한 자녀의 주거지 근접도**

■자동차로 30분 이내　■자동차로 1시간 이내　■도보로 10분 이내
■해외 거주　■다른 시·도(자치단체)

(%)

42
23
16
13
6

자료: Korean Wealth Report 2020

에 부모 세대가 구해준 자녀 집이 있는 것이다. 또한, 자녀가 자동차로 30분 이내에 거주하고 있는 비중이 42%로 가장 높게 나타났는데, 현재 부모 세대가 사는 지역이 너무 비싸서 근처 지역으로 자녀들이 이주하는 것이 아닐까 하는 생각이 든다.

　예를 들어 강남에 살던 자녀들이 결혼 후 강남과 인접한 한남동, 옥수동, 성수동 등의 아파트촌으로 이주함으로써 이들 지역이 새로운 부촌으로 발돋움한 것으로 보인다.

08 ········· 은퇴 후
살기 원하는 곳

부자는 은퇴 후에도 현재 생활 패턴을 유지하기를 원했다. 일반적으로 사람들은 은퇴 후의 생활 모습을 상상하며 은퇴 후 주거지를 물색하곤 한다.

부자의 은퇴 후 거주지를 보면 해외 이주나 귀농·귀촌에 대한 선호도는 낮은 편이다. 대부분 부자는 은퇴 후 살고 싶은 곳으로, 현재 사는 곳(63%) 또는 현재 사는 곳과 가까운 곳(18%)을 선호했다. 서울 근교(11%), 해외(4%), 농·어·산촌(2%), 제주도(2%), 중소도시(1.3%) 등 외국이나 외곽 지역을 선택한 비중은 낮았다.

그 이유로는 '현재 생활 패턴에서 벗어나기 어려울 것으로 생각하기 때문(68%)'이라고 응답한 비중이 압도적으로 많았다. 이어 '여유로운 생활(13%)', '의료시설 등 편의시설(12%)' 등의 순이다. 부자는 현재 사는 곳에서 충분히 여유로운 생활을 하고 있거나 각종 편의시설을 향유하고 있으며, 은퇴 이후에도 현재의 생활

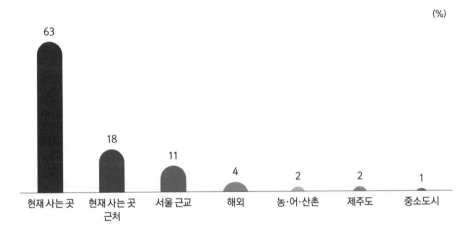

(%)

자료: Korean Wealth Report 2020

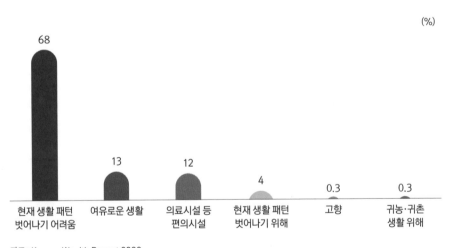

(%)

자료: Korean Wealth Report 2020

패턴을 유지하고 싶어 한다는 것을 알 수 있다. 현재 생활 패턴을 벗어나고자 하는 응답은 4%에 불과했는데, 그중 귀농·귀촌 의사는 0.3%뿐이었다. 부자는 귀농·귀촌을 원하지 않는다.

결론적으로 부자는 귀농·귀촌이나 해외 거주보다 이미 준비된 노후자금을 바탕으로 현재 생활 패턴을 크게 벗어나고 싶어 하지 않는 경향을 보였다.

09 ⸺ 부자가 생각하는 노후자금: 월평균 804만 원 예상

초고령사회(65세의 인구가 20% 이상) 진입을 앞두고 있는 지금, 많은 이들이 은퇴 이후를 걱정하고 계획한다. 은퇴 이후 어느 정도의 자금이 필요할까, 어디에서 노후생활을 보낼까, 은퇴생활에 필요한 자금은 어떻게 마련할까 등은 부자든 아니든 많은 사람의 공통된 고민임이 틀림없다.

2021년 〈Korean Wealth Report〉는 부자와 대중부유층을 비교하면서 이들의 노후생활에 대해 조사한 바 있다. 이에 따르면 부자와 대중부유층 모두 은퇴 후에도 상당 수준의 생활비가 필요할 것으로 예상했다.

부자는 가구당 월평균 804만 원, 대중부유층은 420만 원 정도가 필요할 것이라 예상했다. 일반 가구의 적정 노후생활비가 268만 원으로 조사된 것과 비교하면, 부자는 3배, 대중부유층은 1.6배 수준이다.

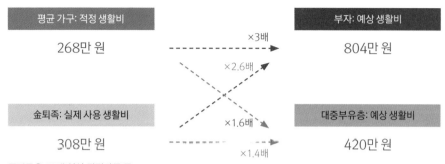

▶ **부자와 대중부유층의 은퇴 후 필요 경비(월평균, 가구 기준)**

평균 가구: 적정 생활비	부자: 예상 생활비
268만 원	804만 원

×3배
×2.6배

金퇴족: 실제 사용 생활비	대중부유층: 예상 생활비
308만 원	420만 원

×1.6배
×1.4배

금퇴족은 50대 이상 퇴직자들 중
'노후자금이 충분하다'고 스스로 평가한 사람들

출처: 평균 가구는 국민연금연구원의 국민노후보장패널 8차 조사, 2019, 金퇴족은 하나금융그룹 100년 행복연구센터
　　　생애금융보고서(50세 이상 퇴직자 1,000명 대상 설문조사), 2020
자료: Korean Wealth Report 2021

　　　하나은행에서 2020년에 50세 이상 퇴직자 1,000명을 대상
으로 한 별도의 설문조사*에 따르면, 50세 이상 일반 은퇴자들
중 노후자금이 충분하다고 스스로 평가하는 사람을 지칭하는
'金퇴족'의 월 생활비 지출은 308만 원이었다. 부자와 대중부유
층은 현재의 생활 패턴을 유지하기 위해 '金퇴족'보다도 더 많은
생활비 지출을 예상하고 있는 셈이다.

　　　부자도 은퇴 후의 생활비 수준은 은퇴 전과 다를 수밖에 없
다. 2022년 조사에 따르면, 부자가 현재 지출하고 있는 생활비는
약 1,100만 원이다. 은퇴 후 예상 생활비와 비교해보면, 부자도
은퇴 후 기존 생활비의 약 27%를 줄여야 할 것으로 예상된다.

---

* 　하나금융그룹 100년 행복연구센터(2020), 『생애 금융 보고서 100년 행복, 금퇴족으로 사는 법』

일반 퇴직자는 은퇴 후에 생활비의 약 29%를 절약하고 있으며, 동시에 퇴직자 절반은 재취업(37%)이나 창업(19%)을 통해 이미 경제활동을 하고 있거나, 미취업자 역시 65%는 경제활동을 준비하는 취업대기자로 다수가 생활비를 경제활동에 의지하는 것으로 조사되었다.

부자의 노후생활비는 예·적금과 보험으로, 연금 의존도는 낮아

부자는 노후생활비의 많은 부분을 예·적금 및 보험으로 감당한다. 또한 연금도 생활비를 충당하는 주요 원천이다. 부자의 예상 연금 수령액은 월 314만 원으로, 은퇴 후 필요 생활비 804만 원의 약 39% 수준이다.

부자가 노후생활비로 생각하는 예·적금 비중은 최근 크게 증가했다. 이는 금융시장의 불확실성이 증폭되면서, 본인의 자산 포트폴리오 중 가장 확실하게 유지할 수 있는 자산이 예·적금 및 보험과 같은 안전자산이라는 판단에서 기인한 것으로 보인다.

반면 공적 연금을 생활비로 활용하려는 인식은 2년 사이에 확연히 줄었다. 공적 연금에 대한 심리적 의존도가 낮아진 것은 국민연금의 고갈 시기가 앞당겨진다는 언론 기사 등에 의한 영향과 무관하지 않은 것으로 보인다.

대중부유층도 부자와 마찬가지로 예·적금 및 보험, 연금이 중요한 노후생활비 원천이다. 연금 수령액은 월 184만 원으로 은퇴 후 필요 생활비 420만 원의 약 44% 수준이다. 대중부유층도 노후생활비에서 예·적금과 보험을 높은 비중으로 생각하고

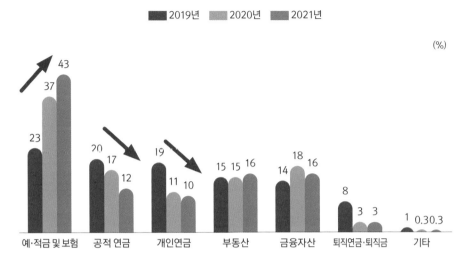

자료: Korean Wealth Report 각 호

▶ 대중부유층의 노후생활비 원천

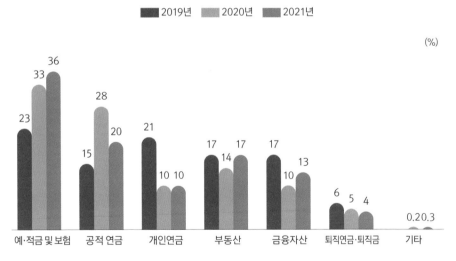

주: 1) 금융자산: 직·간접 투자 및 운용을 포함
    2) 개인연금: 연금저축, 연금펀드 연금보험
    3) 공적 연금: 국민연금, 사학연금, 공무원연금, 군인연금 등
자료: Korean Wealth Report 각 호

있고, 최근에는 이 비중이 점차 커지는 경향을 보였다.

이렇듯 부자와 대중부유층들은 개인연금 상품을 적극 활용해 노후를 준비하고 있는 것으로 나타났다. 일반 가계에서는 뜻밖의 지출이나 소득 불안정 등의 이유로 개인연금을 중도해지하는 경우가 많은 반면, 부자와 대중부유층은 개인연금의 보유비율이 높았다.

10 ──────── 부자의 소비생활: 아낌없는 자기투자

부자와 대중부유층, 일반인 모두 소비에 있어서 식료품 비중이 가장 높다. 물론 일반인은 부자에 비해 총지출 규모가 크지 않기 때문에 상대적으로 식료품에 돈을 쓰는 비중이 현저히 크다.

한편 부자는 일반인이나 대중부유층에 비해 '자기계발비'로 쓰는 돈의 비중이 매우 컸는데, 전체 지출 중 16%를 학습이나 운동 등의 목적으로 쓰고 있다. '여행'이나 '오락, 문화'에 지출하는 비중도 부자가 일반인과 대중부유층에 비해 크긴 했으나, 자기계발비만큼 비중의 차이가 크지는 않았다.

그리고 부자는 사교모임이나 예술활동에 돈을 쓰는 것을 주저하지 않는다. 부자의 생활 면면을 알고 있는 PB는 부자가 보통 사람들과는 다른 소비 패턴을 보인다며 다음과 같이 언급했다.

수백억 원을 보유한 부자 중에서는 "주로 어느 영역에 돈을 쓰는가?"에 대한 질문에 대해 다음과 같이 답변하는 사람도 있다.

"생활비 지출에 있어서는 검소하더라도 본인의 취미생활에는 돈을 아끼지 않습니다."

(PB 인터뷰 중에서)

"금융자산 규모가 아주 큰 사람들은 오히려 더 소탈한 면이 있는 것 같습니다. 물론 개인차도 존재합니다. 여행에는 돈을 아끼지 않지만, 옷도 평상시에는 수수하게 입습니다. 그렇다고 검소한 것도 아니긴 한데, 휘황찬란하게 하고 다니지는 않습니다. 그리고 동창 모임을 회원권이 필요한 최고급 리조트에서 한다거나 고급스러운 장소에서 합니다."

(PB 인터뷰 중에서)

"진짜 부자는 정작 돈을 쓰지 않는 것 같습니다. 술 마시거나 밥 먹을 때도 돈을 함부로 쓰지 않고 돈을 쓰지 않는 것이 몸에 배어 있습니다. 고객 중 2,000억~3,000억 원대 부자가 있는데, 항상 1만 원짜리 와인만 마십니다. 오히려 돈을 잘 쓰는 사람은 20억~30억 원대 부자인 것 같습니다. 이들은 주로 본인이 부를 축적했다기보다는 부모님을 통해 자금을 확보해서 건물을 한 채 정도 보유하고 있는 부자입니다. 보통 저녁을 먹으면 100만 원 정도 식대를 지불하고 술값도 1,000만 원을 사용합니다. 그런데 100억 원대 부자는 그렇지 않습니다. 100억 원대 부자는 스스로 부를 일구어낸 경우가 많기 때문에 자산이 100억 원이 되기까지 기다림이 있었던 사람입니다. 이들은 승용차도 할인행사를 기다렸다가 구매하고 국밥을 즐겨 먹는 등 매우 소탈합니다."

(PB 인터뷰 중에서)

(%)

항목	부자	대중부유층	일반인
교통	0.5	0.9	0.7
통신	0.5	1	0.7
공과금	4	7	7
의료	3	3	5
오락·문화	6	3	3
패션 관련	6	4	4
사교모임	6	5	4
자기계발	15	6	5
교육	17	14	13
여행	18	11	8
식료품	22	44	49

부자   대중부유층   일반인

자료: Korean Wealth Report 2023

"지인들과 모임을 하고 식사 대접을 하는 일에 지출이 큰 편입니다. 친구들이나 후배들과 모여서 여행도 종종 가는데, 국내 여행을 가서 맛있는 것을 사 먹거나 할 때 돈을 씁니다. 여행이나 모임 빼고는 돈을 많이 쓰지 않습니다. 명품 옷을 사지도 않고, 다른 지출은 별로 없습니다."

(부자 인터뷰 중에서)

"겉치장하는 것을 싫어합니다. 비싼 옷을 사 입지 않고 백화점에 가는 것을 싫어합니다. 그러나 책을 사는 것은 아깝지 않다고 생각합니다. 책 사는 것에 돈을 많이 씁니다."

(부자 인터뷰 중에서)

11 ﹘﹘﹘﹘﹘﹘ 부자의 기부:
연평균 950만 원

일반인이 봤을 때 바람직한 부자상(狀)은 돈도 많이 벌지만 기부 등을 통해 남들에게 많이 베풀 줄 아는 사람이다. 이러한 사람들이 존경을 받는다.

실제로 많은 부자가 기부를 잘하는 것으로 알려져 있다. 정기적으로 기부하기도 하고, 특정 재해(산불, 수해 등)로 인해 피해를 본 사람들에게 기부하는 등 매우 다양한 형태의 기부활동을 한다.

부자의 59%는 기부활동 중

2022년 기준으로 부자의 59%가 기부활동을 하고 있다. 대부분 연 소득의 5% 미만으로 기부하고 있으며, 금액으로는 연평균 950만 원 정도이다. 대중부유층과 일반인의 경우 각각 42%, 24%인 점을 고려할 때 높은 수준이다.

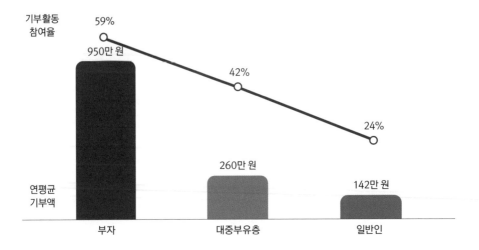

금융자산이 많다고 기부활동을 더 많이 하는 것은 아니지만, 연 평균소득과는 상관관계가 높았다. 연 평균소득이 높을수록 기부활동에 참여하는 비중이 더 높은 것으로 나타났다. 금융자산 30억 원 이하인 부자의 55%가 기부를 하고 있지만, 30억 원 이상 부자는 68%가 기부를 한다.

종교단체와 함께 사회적 약자에 대한 기부활동이 많다

부자가 기부하는 대상으로 선택한 분야 중 가장 높은 비율을 보인 것은 '종교단체(44%)'였다. 그리고 뒤를 이어 국내 아동 관련 후원(36%), 사회복지(33%), 해외 아동 관련 후원(25%), 사회적 약자 지원(11%) 순으로 참여가 많았다.

대중부유층과 일반인 역시 종교단체 기부 참여 비율이 높은 편이었으나, 이들은 상대적으로 국내 아동 후원 비율이 종교단

▶ 주요 기부 대상

(%)

	부자	대중부유층	일반인
종교단체	44	34	27
국내 아동(굿네이버스, 초록우산어린이재단, 홀트아동복지회 등)	36	38	33
사회 일반(사회복지공동모금회, 대한적십자사 등)	33	35	27
해외 아동(유니세프, 세이브더칠드런 등)	25	29	23
장애우, 희귀병 환우, 노숙자 등 사회적 약자	25	11	16
환경단체	3	6	6
농촌·어촌 등 지역사회	2	2	2
기후변화센터	1	1	0
기타	9	6	5

자료: Korean Wealth Report 2023

체 기부 참여보다 높았다. 그리고 사회적 약자나 환경단체 대상 기부 참여도는 일반인이 부자보다 오히려 높은 수준으로 나타났다.

다만, 10여 년 전인 2012년과 비교하면 기부활동을 하는 부자의 비율과 규모가 모두 감소했다. 부자 중 기부활동을 한다는 비중이 90%에서 60%로, 연 소득의 5% 이상을 기부한다는 비중이 30%에서 11%로 낮아졌다.

기부금 사용 내역에 대한 투명성 문제가 제기되면서 기부에 대한 부정적 인식이 생겨난 것이 주된 이유가 아닐까 추측된다. 실제로도 자선단체의 투명성 개선에 대한 요구가 커지고 있다. 기부금을 온전하게 기부 대상자에게 전달하고자 하는 부자도 증가하고 있다.

한편 몇백억 원대, 몇천억 원대를 기부하면서 사회적인 영향력을 행사하는 부자도 있다.

"러시아-우크라이나 전쟁 때문에 200억 원을 기부한 회장님이 있습니다. 이분은 최근에 주식을 매각해서 자금을 확보했습니다. 사실 이분은 정말로 스스로를 위해서는 돈을 잘 쓰지 않지만 노블레스 오블리주를 실천하는 분입니다. 부자 중에는 확실히 통 큰 기부를 하는 분들이 많고, 생활 안에 기부가 젖어있는 분들이 많습니다. 물론 세액공제를 받기 위해 기부를 하는 경우도 많습니다."

(PB 인터뷰 중에서)

"고객 중에 상속받은 재산으로 문화계 후원을 하는 분이 있는데, OOOO 분야의 발전을 주도했다고 해도 과언이 아닐 것 같습니다. 이분들은 세상이 어떻게 돌아가든지 본인들의 소명의식을 가지고 사회에 기여할 수 있는 부분을 생각합니다. 이런 분들 때문에 사회가 유지되고 있다는 생각이 들 때도 있습니다. 사실 자산을 많이 축적한 사람들이라고 할지라도 자식이나 후손에게 대물림하고 싶은 것이 기본 욕망일 수 있는데, 자선을 베풀고 선행을 하는 분들이 정말 많습니다."

(PB 인터뷰 중에서)

제4장

떠오르는 부자, 영리치 & 슈퍼리치

변화가 일상화된 시대, 시대의 흐름을 빠르게 읽어내고, 재능을 발휘한 젊은 부자가 부의 지형도를 바꾸고 있다. 4차 산업혁명 시기에 시류를 잘 읽고 재능을 발휘해 스타트업을 유니콘으로 이끌며 부를 일궈낸 젊은 경영자들이 재벌가 못지않게 세간의 관심을 끌고 있으며 이들이 창출하는 부의 확장 속도는 상상을 초월한다. 이 시대의 부는 대물림에 의해서만 얻어지는 것이 아니다. 기회와 시간은 모두에게 공평하므로 끊임없는 열정으로 부지런히 노력한다면 누구든, 얼마든지 부자의 반열에 올라설 수 있다.

떠오른 부자, 영리치와 슈퍼리치, 그들은 어떻게 경제적 자유를 이루었을까?

01 ·········· 새로운
부자의 탄생

2009년 〈포브스(Forbes)〉에서 발표한 대한민국 부자의 상위 순위는 전부 굴지의 기업 총수와 재벌가의 인물이 차지하고 있었다. 1위부터 5위까지 삼성그룹, 현대자동차, 현대중공업, 신세계, 롯데그룹 오너가 차지했으며, 그 이후 순위 바뀜은 크지 않았다.

그러나 2022년과 2023년에 걸쳐 발표된 대한민국 부자의 순위는 많이 다르다. 최근 국내 최고의 자산을 보유한 사람으로 이름을 올린 부자는 대표적인 흙수저 출신인 카카오 대표 김범수이다. 그는 2022년에 96억 달러의 자산으로 명실공히 대한민국 최고의 부자가 되었다. 당시 카카오는 시가총액 5위까지 상승하기도 했다. 김범수는 한국에서 가장 인기가 높은 모바일 메신저 서비스인 카카오톡을 출시한 후 결제, 게임, 차량 호출 서비스를 포함한 다양한 비즈니스로 확장하여 빅테크의 성장을 주도했다.

유년 시절 여덟 명의 가족이 단칸방에서 지냈을 정도로 넉넉하지 않은 생활을 했고 과외로 학비를 마련해서 대학을 다녔으나, 사업에 뛰어들면서 탁월한 비즈니스 감각을 발휘했다. 2023년에는 자산가치가 크게 감소해 5위로 밀려났지만 여전히 상위권을 유지하고 있다.

다음으로 2022년에 5위에 이름을 올리고 2023년 4위로 올라선 권혁빈 역시 자수성가한 대표적인 사례이다. 1인칭 슈팅 게임(FPS) '크로스파이어(Cross Fire)'의 대성공으로 게임 업계 신화가 된 그는 2015년부터 부자 순위에 진입했다(7위). 28세의 나이에 자본금 1억 원으로 창업, 자금난과 치열한 경쟁 속에서 해외시장으로 눈을 돌려 위기를 극복하고 성공했다. 크로스파이어는 현재 80여 개국에서 서비스가 제공되고 있으며, 스마일게이트는 '로스트아크(LOST ARK)'와 '에픽세븐(EPIC7)'을 출시하고 엔터테인먼트 사업 및 투자사업을 펼치며 글로벌 문화 콘텐츠 기업으로 발돋움했다.

2022년 9위에 오른 두나무의 창업자 송치형 역시 엔지니어로 일하다가 창업해서 부자가 되었다. 그는 카카오의 투자금으로 증권거래 플랫폼을 개발한 후, 35세에 두나무를 설립했다. 두나무는 미디어 관련 사업을 하는 회사였다가 가상자산거래소 업비트(Upbit)를 운영하면서 가상자산 시장의 성장을 주도했다는 평가를 받는다. 그러나 가상자산 시장의 침체로 2023년에는 41위로 순위가 크게 하락했다.

그리고 BTS의 소속사 하이브 대표인 방시혁과 쿠팡 창업자인 김범석도 2022년과 2023년에 걸쳐 상위권을 유지하고 있

▶ 2009년 대한민국 부자 순위

(백만 달러)

순위	이름	순자산 규모	소속·지분 소유 기업
1	이건희	3,900	삼성그룹
2	정몽구	1,850	현대자동차
3	정몽준	1,300	현대중공업
4	이명희	1,200	신세계
5	신동빈	1,000	롯데그룹
6	신동주	940	롯데(재팬, 롯데칠성, 롯데호텔, 롯데알루미늄)
7	이재용	880	삼성전자
8	장평순	860	교원그룹
9	구본무	770	LG그룹
10	신창재	680	교보생명
11	정의선	640	기아자동차
12	서경배	620	아모레퍼시픽
13	구본능	590	희성그룹(범 LG가)
14	정용진	580	신세계
15	구본준	570	LG인터내셔널
16	강영중	550	대교그룹
17	이준용	500	대림산업
18	윤석금	490	웅진그룹
19	구본식	485	희성그룹(범 LG가)
20	홍라희	482	삼성미술관, 삼성문화재단

자료: Forbes

다. 코로나19 신속항원진단키트로 팬데믹 동안 기업가치가 급상승한 SD바이오센서 조영식 대표는 2022년 18위에서 2023년 36위로 하락하고 네이버 창업자인 이해진도 2022년 19위에서 2023년 25위로 밀렸으나, 여전히 대한민국을 대표하는 부자이다.

한편, 에너지 소재 분야를 이끄는 에코프로 대표 이동채(18위)와 수소연료전지 분야를 선도하는 금양 대표 류광지(48위)도

(백만 달러)

순위	2022년			2023년		
	이름	순자산 규모	소속	이름	순자산 규모	소속
1	김범수	9,600	카카오	김병주	9,700	MBK파트너스
2	이재용	9,200	삼성전자	이재용	8,000	삼성전자
3	김병주	7,700	MBK파트너스	서정진	5,700	셀트리온
4	서정진	6,900	셀트리온	권혁빈	5,100	스마일게이트
5	권혁빈	6,850	스마일게이트	김범수	5,000	카카오
6	홍라희	6,400	삼성그룹	홍라희	4,900	전 리움미술관장
7	정몽구	4,400	현대자동차그룹	정몽구	4,100	현대자동차그룹
8	이부진	3,900	호텔신라	김정민·김정윤	3,600	-
9	송치형	3,700	두나무	조정호	3,400	메리츠금융그룹
10	조정호	3,500	메리츠금융그룹	이부진	3,300	호텔신라
11	이서현	3,400	삼성복지재단	유정현	3,250	NXC
12	방시혁	3,300	하이브	이서현	2,950	삼성복지재단
13	정의선	3,250	현대자동차그룹	정의선	2,900	현대자동차그룹
14	김범석	3,200	쿠팡	김범석	2,800	쿠팡
15	유정현	3,000	NXC	서경배	1,950	아모레퍼시픽
16	서경배	2,500	아모레퍼시픽그룹	방시혁	1,900	하이브
17	최태원	2,400	SK	구광모	1,750	LG
18	조영식	2,350	SD바이오센서	이동채	1,700	에코프로
19	이해진	2,100	라인(네이버)	최태원	1,650	SK
20	김창수	2,050	F&F	김창수	1,600	F&F

자료: Forbes

2023년에 처음으로 대한민국 50대 부자 반열에 올랐다. 이들은 에너지 관련 핵심기술 한 분야에 집중해서 성공한 경우이다.

앞에서 나열하지는 않았으나, 〈포브스〉에서 발표한 대한민국 50대 부자에는 라이온하트 스튜디오 대표 김재영(21위), 야놀자 대표 이수진(26위), 케어젠 대표 정용지(30위), 비바리퍼블리카(토스) 대표 이승건(43위)도 포함되어 있다.

이들은 4차 산업혁명 시기에 시류를 잘 읽고 재능을 발휘해 스타트업을 유니콘으로 이끈 주역이며, 부자의 지형을 바꾸는 데 크게 이바지했다.

이들의 공통점은 재벌 출신이 아닌 새로운 분야에서 성공한 경영자들이라는 것이다. 이들의 성공은 지금의 청년층에게 중요한 메시지를 전달한다. 이 시대의 부는 대물림에 의해서만 얻어지는 것이 아니라 끊임없는 열정과 노력으로도 달성할 수 있다.

"올드리치가 노동력을 대가로 자산을 축적한 사람이라면, 영리치는 아이디어로 돈을 번 사람들입니다."
(PB 인터뷰 중에서)

02 ········· 영리치,
그들은 누구인가?

모바일 기반의 혁신적인 서비스를 출시하거나 유투버 등의 콘텐츠 크리에이터가 되어 고소득을 올리고, 주식과 가상화폐 투자로 단기간 부를 축적한 영리치. 실제로 영리치는 누구이며, 어떻게 자산을 형성했을까? 또 그들은 어떻게 자산관리를 하고 있을까?

금융자산 10억 원 이상을 보유한 부자 가운데, 20~40대는 영리치(young rich)로, 50대 이상은 올드리치(old rich)로 분류하고, 영리치와 올드리치를 비교하였다.

영리치의 1인당 평균 총자산은 67억 원이다(2022년 기준). 이 중 부동산이 약 33억 원으로 총자산의 48%를 차지하고, 나머지 52%는 금융자산으로 금액은 약 34억 원이다. 반면, 올드리치의 1인 평균 총자산은 73억 원이며, 이 중 부동산이 약 41억 원으로 영리치보다 총자산 중 부동산 비중(57%)이 높다.

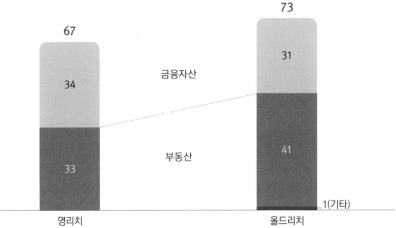

(억 원)

주: 기타는 예술품, 귀금속, 회원권 등을 포함함
자료: Korean Wealth Report 2023

영리치의 87%, 올드리치의 96%가 부동산을 보유하고 있는 가운데, 영리치는 가구평균 1.6채, 올드리치는 1.7채의 주택을 보유하고 있다. 부동산 보유 현황을 비교해보면 영리치와 올드리치 모두 대형 아파트 보유율이 가장 높고 다음은 중소형 아파트와 토지, 상가, 오피스텔 순으로 보유율이 높다. 50억 원 초과 빌딩과 해외 부동산은 영리치의 보유율이 더 높은 특징을 보인다.

영리치의 자산 원천은 근로소득

영리치가 현재의 부를 이루어낸 과정 중 가장 긍정적인 영향을 준 원천은 무엇일까? 놀랍게도 1순위는 근로소득이다. 영리

(%)

	영리치		올드리치
상속·증여	18		11
재산소득	15		22
사업소득	23		24
근로소득	45		43

자료: Korean Wealth Report 2022

치 중 45%는 근로소득이 현재 보유하고 있는 자산을 형성한 주요 원천이라 대답했다. 다음으로 사업소득(23%), 가족으로부터의 상속 및 증여(18%), 재산소득(15%) 순이다.

올드리치도 근로소득이 가장 큰 영향을 주었으나, 영리치와 다르게 상속 및 증여보다 부동산이나 배당, 이자소득 등 재산소득으로 부를 일궈낸 부자들이 더 많다.

영리치는 자산 형성의 원천이 무엇인지에 따라 보유 자산 규모에 차이가 있다. 가족으로부터 상속 및 증여를 받은 영리치의 총자산은 평균 128억 원으로 가장 많았다. 반면, 근로소득이 주요 원천인 영리치는 평균 자산이 39억 원으로 가장 적었다. 사업소득을 기반으로 재산을 형성한 영리치는 총자산이 평균 70억 원이고, 재산소득으로 자산을 모은 영리치는 67억 원이

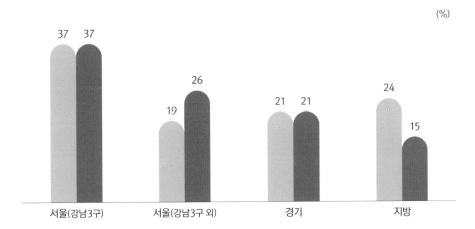

자료: Korean Wealth Report 2022

었다. 상속이나 증여로 부를 형성한 영리치는 총자산의 70% 이상을 부동산으로 보유하고 있어, 다른 영리치보다 부동산 비중이 월등히 높다.

영리치는 강남에 거주하는 회사원

영리치의 연 소득은 과연 얼마나 될까? 영리치의 75%가 근로, 사업, 재산, 기타소득 중 2가지 이상의 조합으로 소득을 창출하고 있으며, '근로소득과 재산소득', '사업소득과 재산소득' 조합이 28%로 가장 높다.

2021년 기준 '근로소득과 재산소득'을 보유한 영리치는 연평균 4.5억 원, '사업소득과 재산소득'을 보유한 영리치는 4.8억 원을 벌었다. 이렇듯 영리치는 근로소득에만 의존하지 않고 다양

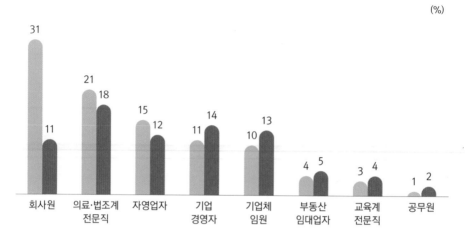

자료: Korean Wealth Report 2022

한 패시브 인컴(Passive income)* 파이프 라인을 구축해 조기에 경제
적 자립을 이루어내고 있다. 근로소득만 보유한 영리치는 연평균
2.1억 원, 사업소득만 보유한 경우는 연평균 4.2억 원의 소득을
창출했다.

영리치가 살고 있는 곳을 조사해보니, 강남3구 비율이 37%
로 가장 높다. 강남3구 다음으로 영리치가 많이 살고 있는 곳은
테크 기업이 밀집한 경기도로 21%다.

올드리치 역시 영리치와 마찬가지로 강남3구 거주 비율이

---

* 패시브 인컴은 배당, 임대소득과 같이 노동 없이 또는 최소한의 노동으로 얻는 소득을 의미
한다.

37%로 가장 높다. 영리치와 다른 점은 강남3구 다음으로 경기도가 아닌 용산구, 양천구, 성북구 등 강남3구 외 서울 지역에 거주하는 비율이 26%로 더 높다는 점이다. 올드리치의 경기도 거주 비율은 영리치와 같은 21%이다. 한편 부산, 대구 등 광역시에 거주하는 영리치의 비율은 24%로, 올드리치(15%)보다 더 높다.

다음으로 직업 분포를 보면 영리치는 회사원이 31%로 가장 많고, 의료·법조계 전문직이 21%, 자영업자 15%, 경영자와 기업체 임원이 각각 11%, 10%로 뒤를 잇는다.

올드리치에서 아직 경제활동이 활발한 50대와 비교하면 회사원과 전문직 비율은 유사하나 자영업자 비율은 영리치가 더 높고 기업 경영자와 기업체 임원 비율은 올드리치가 높다.

03 ⋯⋯⋯⋯⋯ 영리치의 금융자산 포트폴리오는 남다르다

영리치의 금융자산 포트폴리오에서 가장 높은 비중을 차지하는 자산 유형은 예금으로 금융자산의 약 40%에 해당한다 (2022년 기준). 금리 상승으로 인해 전년(29%) 대비 예금 비중이 상승한 결과로 예금을 포함한 현금성 자산(예금, 현금, 입출금 통장)의 비중이 총 금융자산의 절반 이상을 차지했다. 다음으로는 주식 16%, 보험 및 연금 10% 순이며, 주식 비중은 예금과 반대로 전년 대비 감소(10%p)했다. 영리치는 올드리치보다 현금성 자산의 비중이 높고 보험·연금, 신탁·펀드 비중이 낮다는 특징을 보였다.

영리치가 올드리치보다 현금성 자산(예금+현금, 입출금통장) 비율이 높은 이유는 언제든 투자 기회를 놓치지 않으려는 의도로 파악된다. 영리치의 72% 올드리치의 66%가 해외 주식에 투자하고 있으며 국내 주식과 해외 주식의 비율은 영리치 8:2, 올드

(%)

	영리치		올드리치
예금	40		33
주식	15		16
채권	8		6
현금, 입출금통장	16		13
펀드, 신탁	9		15
보험, 연금	10		16
ETF	2		1

영리치   올드리치

자료: Korean Wealth Report 2023

리치 9:1이다. 영리치의 61%가 해외 주식을 포함한 외화자산을 보유하고 있는데 이는 올드리치(65%)와 비슷한 수준이며 외화 현금, 예금, 주식, ETF, 펀드, 외화표시채권 순으로 보유율이 높다. 향후 보유 의향이 가장 높은 외화자산은 주식이다. 올드리치는 영리치와 달리 외화예금 보유 의향이 가장 높다. 귀금속이나 예술품 등 실물자산에는 각각 3%, 4%를 투자했다.

영리치는 가상자산을 포트폴리오에 포함

2018년에 비트코인(BTC) 가격이 급등하면서 영리치의 관심을 끌기 시작한 가상자산도 영리치의 금융자산 포트폴리오에서 한 자리를 차지하고 있다. 보유자 비중으로 보면 영리치는 21%, 올드리치는 5%가 가상자산을 보유하고 있으며 가상자산에 투

▶ 가상자산에 투자하는 이유

(%)

	영리치	올드리치
가격 급등락 시 차익 거래를 통한 수익 창출을 위해서	30	27
장기적으로 가치가 상승할것 같아서	30	27
고수익을 얻는 가장 빠른 방법이라고 생각해서	11	8
호기심으로	11	15
금과 같은 기존 금융자산 대비 안전자산이라고 판단해서	7	12
저금리 장기화에 따른 예금 등 기존 금융상품에 불만족해서	4	0
적은 자본으로 투자 가능해서	4	0
투자 방법이 상대적으로 쉬워서	4	4
포트폴리오를 다양화하기 위해서	0	4
주변에 큰 수익을 본 사람들이 있어서	0	0

자료: Korean Wealth Report 2022

자하는 이유는 '가격 급등락 시 차익거래를 통한 수익 창출' 또는 '장기적 관점의 가치 상승 기대' 때문이다. 아직까지는 자산 규모나 연령에 상관없이 예측 불가능한 가격 변동성으로 인해 가상자산은 투기나 도박에 가깝다는 인식이 지배적이긴 하지만 영리치가 올드리치에 비해 긍정적인 모습이다. NFT(대체불가토큰)나 희소한 중고물품, 음원 등 새로운 투자처에 대한 신규 투자 의향은 20% 수준이며, 절반 가까이는 투자 의향이 전혀 없는 것으로 나타났다.

대부분 영리치의 수익률은 10% 이하

영리치의 금융자산 투자 성과는 어떨까? 2022년 기준으로 영리치의 약 70%는 수익을 냈고 손실을 본 영리치도 23%에 이른다. 수익을 낸 영리치의 60% 정도는 10% 미만의 수익을 거두

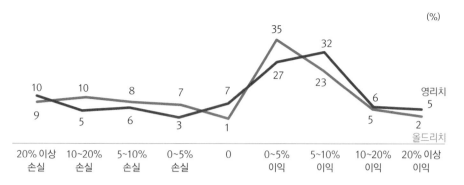

(%)

	20% 이상 손실	10~20% 손실	5~10% 손실	0~5% 손실	0	0~5% 이익	5~10% 이익	10~20% 이익	20% 이상 이익
영리치	10	10	8	7	7	35	23	6	5
올드리치	9	5	6	3	1	27	32	5	2

자료: Korean Wealth Report2023

었고 10% 이상의 고수익을 거둔 비율은 약 10%에 불과하다. 수익률에 가장 긍정적 영향을 준 자산은 예금이고 부정적 영향을 준 자산은 주식이다. 2021년과 비교해 10% 이상의 고수익을 거둔 영리치의 비율이 감소했고 수익률에 긍정적 영향을 준 자산도 금리가 상승함에 따라 주식에서 예금으로 이동했다.

04 ················· 영리치의
투자 따라 하기

영리치에게 향후 투자 의향이 가장 높은 자산은 단연 부동산이다. 영리치 2명 중 1명이 부동산을 투자 의향 자산 1순위로 생각한다. 금융자산 중에서는 예금과 주식 직접투자에 대한 투자 의향이 높다. 부동산은 지난 2년간 선호하는 자산 순위 1위로 변화가 없으나 금융자산은 금리 상승의 영향으로 예금과 주식의 순위가 바뀌었다.

영리치의 30%는 대출을 가지고 있다. 거주주택 이외의 부동산 구입이나 사업자금 마련 등에 사용하기 위해서다. 영리치는 대출을 투자 레버리지로 적절히 활용한다. 더 낮은 금리를 찾아 이동하며 확보한 돈을 똑똑하게 투자하고 있다.

커뮤니티를 통해 투자 정보를 자유롭게 공유
다양한 투자 방식에 열린 자세를 가진 영리치는 어떤 경로를

▶ 향후 투자 의향이 있는 자산

(%)

	영리치	올드리치
부동산	49	28
예금	15	24
주식(직접투자) (ETF 제외)	15	14
펀드/신탁(ELF/ELT, DLT포함)	7	11
채권	7	11
ETF	2	1
보험, 연금 등 기타 금융자산	2	2
귀금속, 예술품 등 기타 실물자산	2	1
현금 및 입출금통장(MMF, MMDA 포함)	1	2
가상화폐	1	0

자료: Korean Wealth Report 2023

▶ 대출을 보유하는 목적

(%)

	영리치	올드리치
거주주택 이외 부동산 구매	42	37
사업자금 마련	26	16
거주주택 구매	21	11
금융자산(주식 등) 투자자금 조달	21	10
세금 부담 완화	13	13
생활비 마련	11	6
자동차, 가전, 가구 등의 내구재 구입을 위해	11	2
주택 리모델링 비용	11	3
자녀 교육비 마련	5	3
자녀 결혼자금 마련	5	3
본인 결혼자금 마련	5	2
의료비 충당	5	1

자료: Korean Wealth Report 2023

통해 투자 정보를 획득하고 계획을 세울까? 영리치는 본인이 알고 있는 투자 정보나 투자 방식 등에 대해 주변의 지인들과 일부분만 공유하는 비율이 67%, 전혀 공유하지 않는 비율이 17%로, 선택적으로 투자 정보를 공유한다. 이에 비해 올드리치는 투자 관련 사항을 '전혀 공유하지 않는다'는 비중이 23%로 영리치보다 높았는데, 이는 고령의 자산가들은 정보 교류를 꺼리는 반면에 젊은 층은 가벼운 정보 공유를 일상적으로 한다는 현장의 목소리와 같은 결과다.

또한, 영리치는 그들만의 사적인 커뮤니티를 형성하여 활동하는 것을 즐기며 투자 의사결정도 커뮤니티 단위로 움직이는 모습이 관찰됐다.

영리치는 부를 쌓는 방식뿐만 아니라 투자 성향과 금융 니즈에 있어서도 기성세대와는 다른 모습을 보인다. 은행 PB의 관점에서 본 영리치는 새로운 투자 방식을 시도하는 것에 적극적이며, 투자 스터디 그룹을 만드는 등 스스로 열심히 공부하여 직접투자를 한다. 위험을 감내하는 수준도 높다. 다음은 영리치를 가까이에서 관찰한 PB의 전언이다.

"SNS를 통해 투자 행태를 공유합니다. 코워킹 스페이스에 모여 투자 스터디를 하는 모임이 요즘 성행이죠. '데모데이'도 적극 활용합니다. 뒷풀이 자리에서 서로 학습하면서 투자 의사결정이 이루어지기도 하더군요. 자수성가한 영리치들에게 은행은 그저 파킹통장의 채널일 뿐입니다. 해외 주식, 코인 등에도 개방적입니다. 스스로 공부를 많이 하며 PB에 대한 의존도가 낮습니다. 또한 젊은 층은 확실히 부무결산을 합니다."

"정보의 비대칭성과 높은 리스크로 소수의 전유물로 여겨졌던 비상장기업 투자가 활발해지고 있습니다. 동학개미, 서학개미에 이어 선(先)학개미—먼저 기업의 가치를 알아보고 비상장 주식에 투자하는 개인투자자를 의미—라는 신조어까지 등장했죠. 금융사도 고객의 자산 포트폴리오 구성 시 1/3은 비상장주식을 염두에 둡니다. 나머지 1/3은 대기 자금, 또다른 1/3은 다양한 상품에 분산투자합니다."

"이들은 프로젝트 펀드나 블라인드 펀드에 들어가 100배 이상 수익을 보기도 합니다."

(PB 인터뷰 중에서)

"통상 프로젝트별 최소 금액만 담는데, 3억 원부터 출발합니다. '오늘의 집' 3억 원, '마이리얼트립' 3억 원, '직방' 3억 원 이런 식이죠. 이런 투자를 하기 위해서는 본인도 공부가 되어 있어야 하고 위험 감수 능력도 있어야 합니다. 올드리치는 이런 눈이 별로 없습니다."

"3세대의 경우, 할머니도 부모도 부자인 경우가 다수입니다. NFT나 힙한 작가에 관심이 많죠. 부모는 할머니 돈 쓰는 걸 눈치 보지만 3세대는 그렇지 않습니다. 실례로 전시 현장에서 이배 작가의 그림을 스페셜리스트를 불러 그 자리에서 사는 모습을 목격하기도 했습니다. 미술품 투자가 아직 보편화되진 않았지만 투자처로 각광을 받고 있는 것은 분명합니다."

(PB 인터뷰 중에서)

05 ········· 슈퍼리치,
그들은 어떻게 슈퍼리치가 되었나?

팬데믹이 전 세계를 휩쓴 지난 2년 동안 새로 창출된 부의 63%를 상위 1% 슈퍼리치가 차지했다는 분석이 나왔다.[*] 이들은 도대체 누구인가?

이 보고서에서는 금융자산 100억 원 이상 또는 총자산 300억 원 이상을 보유한 부자를 슈퍼리치로 정의한다. 슈퍼리치가 생각하는 상류층의 조건은 보유 자산을 제외하면 '직업 및 사회적 지위'다. 슈퍼리치의 실제 직업은 기업 경영자가 가장 많고, 의료·법조계 전문직, 부동산 임대업자, 기업체 임원 순으로 이어진다.

슈퍼리치의 총자산은 평균 323억 원이고, 이 중 부동산이 48%를 차지한다. 슈퍼리치가 생각하는 부자의 기준은 부동산

---

[*] 「슈퍼리치의 생존 보고서」, 국제구호개발기구 옥스팜.

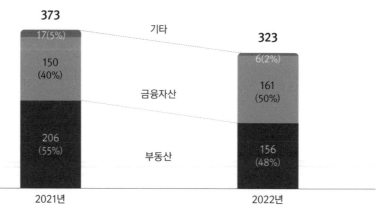

(억 원)

주: ( )는 비중을 의미함
자료: Korean Wealth Report 2023

을 포함해 총자산 최소 290억 원이지만, 실제로는 그보다 많은 자산을 보유하고 있다.

슈퍼리치는 가정 분위기에서 돈의 가치를 배워

슈퍼리치에게 어떻게 부자가 되었는지 물어보면 "어쩌다 보니"라는 답을 많이 듣는다. 이 사실은 설문에서도 확인된다. 돈에 관심을 갖기 시작한 계기나 시점을 물어본 결과, 슈퍼리치와 부자, 대중부유층의 응답에 차이가 있다.

슈퍼리치는 '부모의 교육이나 가정의 분위기로 인해 자연스럽게' 관심을 갖게 됐다는 비중이 44%로 가장 높았다. 부자와 대중부유층은 '자녀 출산이나 부모 부양 등 가족에 대한 책임의식 때문에' 관심을 갖게 됐다는 비중이 각각 43%, 55%로 가

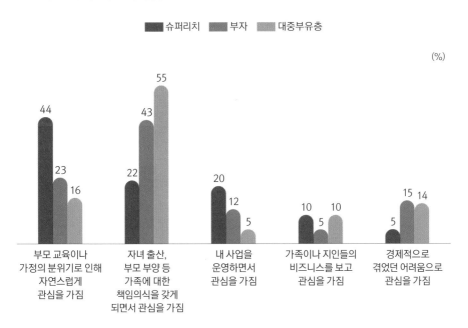

자료: Korean Wealth Report 2023

장 높았다. 슈퍼리치의 "어쩌다 보니"라는 말은 가정에서 자연스럽게 돈의 가치를 체득하여 남들보다 빨리 부의 출발선에 섰고, 그로 인해 더 많은 기회를 가질 수 있었다는 말로 해석된다.

슈퍼리치는 소득이 많기도 하지만 저축에 진심이다. 슈퍼리치는 월 소득의 57%를 저축하고 나머지는 소비(37%)와 대출금 상환(6%)에 사용한다. 부자와 비교하면 저축과 소비의 비중이 반대다. 부자는 소비가 59%, 저축이 38%이고, 나머지 3%를 대출금 상환에 사용한다. 대중부유층 역시 부자와 비슷하다. 소비가 월 소득의 56%로 절반 이상을 차지하며, 36%는 저축, 8%는 대출금 상환에 사용했다.

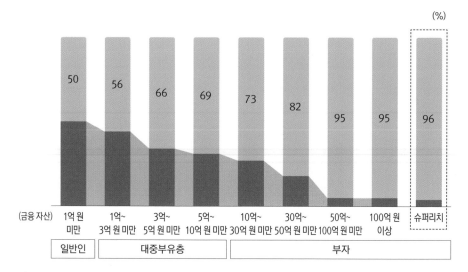

■■■ 나는 투자를 통해 더 큰 부를 이룰 계획이다 　■■■ 나는 근로소득을 바탕으로 더 큰 부를 이룰 계획이다

(%)

(금융 자산)	1억 원 미만	1억~ 3억 원 미만	3억~ 5억 원 미만	5억~ 10억 원 미만	10억~ 30억 원 미만	30억~ 50억 원 미만	50억~ 100억 원 미만	100억 원 이상	슈퍼리치
	50	56	66	69	73	82	95	95	96
	일반인	대중부유층		부자					

자료: Korean Wealth Report 2023

슈퍼리치는 투자를 통해 부를 창출

노동과 투자는 부를 형성하는 가장 기본적인 방법이다. 어떤 방법이 부를 형성하는 데 더 낫다고 단적으로 말할 수는 없지만, 자산 규모에 따라 어느 쪽에 무게중심을 두는지는 차이를 보인다.

슈퍼리치에게 근로소득과 투자 중 더 큰 부를 이루는 방법을 선택하도록 했다. 그 결과 투자를 통해 더 큰 부를 이루겠다는 비중이 96%로 압도적으로 높았다. 슈퍼리치는 기본적으로 투자를 통해 부를 형성하고 있다. 이에 비해 일반인은 근로소득과 투자 비중이 반반인 것으로 나타났다.

워런 버핏은 잠자는 동안에도 돈이 들어오는 방법을 찾아내지 못하면 죽을 때까지 일해야 한다고 말했다. 근로소득은 직장을 잃거나 은퇴를 하면 같이 멈춘다는 점을 고려할 때, 지속가능한 자신만의 투자 노하우를 갖추는 것은 어쩌면 당연한 준비인지도 모른다.

06 ······ 투자의 고수,
슈퍼리치의 포트폴리오

2022년 기준으로 슈퍼리치의 자산 포트폴리오는 금융자산 50%, 부동산 48%, 기타(회원권 및 귀금속, 예술품 등) 2%이다. 2021년에 비해 금융자산 비중은 늘었고, 부동산 비중은 감소했다. 금융자산 중 현금과 예금의 비중이 2배 이상 늘었고, 주식의 비중은 1/3 수준으로 낮아졌다. 금리 인상의 영향으로 예금의 선호도가 높아졌기 때문이기도 하지만, 불확실성에 대비해 현금 보유율을 늘린 측면도 있는 것으로 보인다. 그 결과 보유 금융자산의 60%에 해당하는 94억 원이 현금과 예금이며, 16%가 주식이다. 국내 주식과 해외 주식의 비율은 8:2로, 해외 주식 보유 비중이 부자나 대중부유층보다 높다. 슈퍼리치의 해외 주식 비중은 16%인 반면, 부자와 대중부유층은 각각 9%, 7%에 불과하다.

펀드와 신탁 역시 주식과 마찬가지로 2021년 대비 비중이 감소했고, 채권의 비중은 3%에서 7%로 증가했다. 가상자산은

▶ 슈퍼리치의 자산 구성 변화

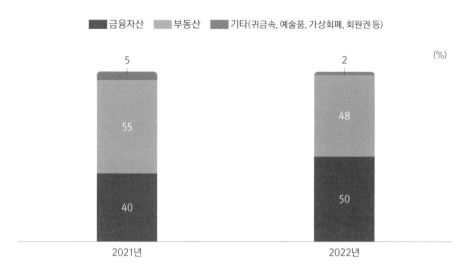

■ 금융자산 ■ 부동산 ■ 기타(귀금속, 예술품, 가상화폐, 회원권 등)

(%)

2021년
- 5
- 55
- 40

2022년
- 2
- 48
- 50

자료: Korean Wealth Report 2023

▶ 슈퍼리치의 금융자산 구성 변화

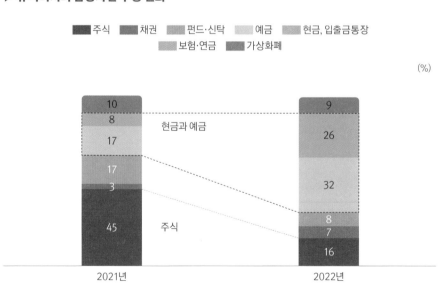

■ 주식 ■ 채권 ■ 펀드·신탁 ■ 예금 ■ 현금, 입출금통장
■ 보험·연금 ■ 가상화폐

(%)

2021년
- 10
- 8
- 17
- 17
- 3
- 45 (주식)

현금과 예금

2022년
- 9
- 26
- 32
- 8
- 7
- 16

자료: Korean Wealth Report 2023

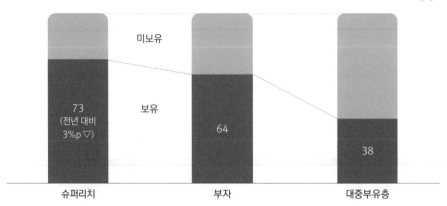

(%)

슈퍼리치   부자   대중부유층

자료: Korean Wealth Report 2023

거의 보유하고 있지 않다. 슈퍼리치는 향후에도 NFT나 희소한 중고물품, 음원 등에는 투자 의향이 없다는 의견이 90%로 매우 높았다.

슈퍼리치는 외화자산을 선호

금융시장의 불확실성이 커지면 안전자산에 대한 투자 수요가 증가한다. 국제거래의 기본이 되는 달러는 금과 함께 대표적인 안전자산으로 간주되며, 환차익에 대한 세금이 없다는 장점이 있다.

2022년 기준 슈퍼리치의 73%가 외화자산을 보유하고 있다. 금융자산의 규모가 증가할수록 외화자산을 보유한 사람의 비중도 증가하는 모습으로 부자의 64%, 대중부유층의 38%가 외화자산을 보유하고 있다. 2021년에 비해 슈퍼리치 중 외화자산

(%)

	긍정적 영향을 준 금융자산		부정적 영향을 준 금융자산
예금	34	주식(직접투자) (ETF 제외)	51
채권	20	펀드·신탁(ELF, ELT, DLT 포함)	22
펀드·신탁(ELF, ELT, DLT 포함)	17	가상화폐	7
주식(직접투자) (ETF 제외)	12	채권	7
보험, 연금 등 기타 금융자산	12	예금	5
현금 및 입출금통장 (MMF, MMDA 포함)	2	보험, 연금 등 기타 금융자산	2
귀금속, 예술품 등 기타 실물자산	2	현금 및 입출금통장 (MMF, MMDA 포함)	2
ETF	0	귀금속, 예술품 등 기타 실물자산	2
가상화폐	0	ETF	0

자료: Korean Wealth Report 2023

을 보유한 사람의 비중이 소폭 감소했는데, 외화자산 중 현금을 보유한 사람이 늘고 예금을 보유한 사람이 줄어든 것으로 보아, 2022년 킹달러에 환차익을 실현한 슈퍼리치가 많은 것으로 보인다. 슈퍼리치의 선호도가 높았던 외화자산은 현금(73%), 예금(57%), 주식(43%) 순이며, 동일 순서로 향후 추가 보유 의향 또한 높다.

예금·채권에서 높은 수익률 기록, 향후 주식·부동산 투자 선호

2022년 한 해 동안, 슈퍼리치의 70%는 금융자산 투자를 통해 플러스(+) 수익률을 냈으며, 10% 이상의 수익률을 달성한 슈퍼리치도 15%에 달했다. 부자의 66%, 대중부유층의 57%도 플러스(+) 수익을 확보했으나, 투자의 고수는 슈퍼리치임을 확인할

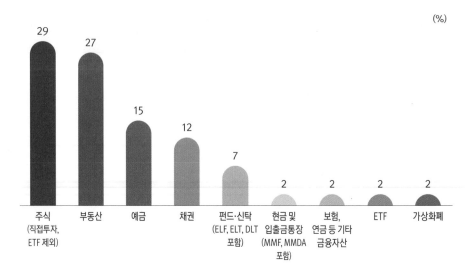

자료: Korean Wealth Report 2023

수 있었다.

슈퍼리치의 수익에 가장 긍정적 영향을 미친 자산은 예금 (34%), 채권(20%), 펀드·신탁(17%) 순이며, 가장 부정적 영향을 미친 자산은 주식(51%), 펀드·신탁(22%), 가상자산·채권(7%) 순이다.

슈퍼리치가 향후 투자할 의향이 높은 자산은 주식, 부동산 순이다. 2023년 부동산 매입에 대해 슈퍼리치의 절반은 "Yes", 절반은 "No"라고 응답했다. 그리고 보유한 부동산의 매도 계획 은 이보다 훨씬 낮은 8%에 불과했다. 부동산 시장의 불확실성이 제거되지 않은 만큼 보유 부동산은 유지하려는 의지가 강한 것 으로 보인다.

부동산을 매입할 계획이 있는 슈퍼리치의 절반 이상은 빌딩

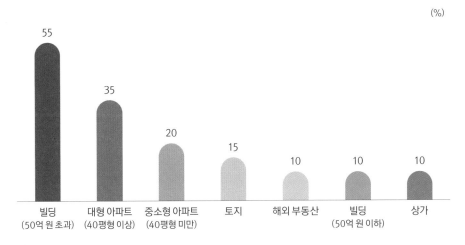

(%)

자료: Korean Wealth Report 2023

(50억 원 이상)을, 다음으로 40평형 이상의 대형 아파트를 고려한다. 이는 그동안 거래 경험이 있었던 부동산 가운데 슈퍼리치의 자산 확대에 가장 크게 기여했던 부동산 순위와 일치한다.

슈퍼리치는 미술품 투자에도 높은 관심

슈퍼리치는 새로운 투자처로 미술품에 대한 관심이 높다. 미술품은 역사적으로나 전 세계적으로 슈퍼리치를 포함한 부자의 자산관리 수단으로 활용되고 있다. 가치 상승, 절세, 네트워킹 등 투자자산으로서 매력적인 요건을 갖추고 있기 때문이다.

슈퍼리치의 약 41%가 미술품을 보유하고 있는데 이는 부자(23%)나 대중부유층(14%) 대비 월등히 높은 수준이다. 미술품도 외화자산과 마찬가지로 자산 규모에 비례해 보유자 비중이 증가

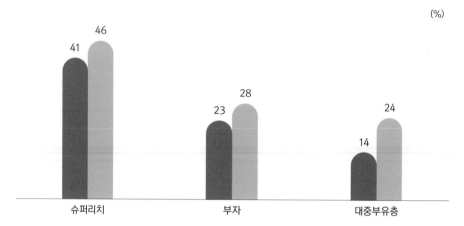

자료: Korean Wealth Report 2023

한다.

　슈퍼리치가 보유한 미술품의 총가치는 구간으로 나누었을 때 1억 원 이상의 구간에 가장 많이 분포하고 있으며, 슈퍼리치 2명 중 1명은 향후에도 미술품을 추가로 구매할 의향이 있다.

07 ·············· 슈퍼리치의 삶은
어떠할까?

슈퍼리치라고 해서 모든 면에서 호화로운 삶을 사는 건 아니다. 제각기 매우 뚜렷한 철학과 가치관을 바탕으로 소비한다.

"자동차를 좋아해서 차(car)와 관련된 모든 것에는 아끼지 않고 써요. 하고 있는 사업도 자동차와 관련된 일입니다."

"건강관리를 위해서는 아끼지 않고 쓰는 편이에요."

"국내, 해외 불문하고 가족, 친구와 여행 다니며 식도락을 즐기는 데 아끼지 않습니다."

2022년 기준으로 슈퍼리치의 연 평균소득은 약 12억 원이다. 부자의 연 평균소득(3억 3,000만 원)보다 4배 높은 수준이다. 슈퍼리치의 연 평균소득에서 가장 큰 비중을 차지하는 것은 재산소득으로 총소득의 39%다. 나머지는 사업소득(28%), 근로소득(21%), 기타소득(12%) 순이다.

부자는 연 소득에서 근로소득(37%)이 차지하는 비중이 재산

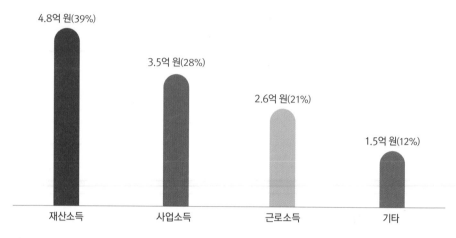

▶ 슈퍼리치의 연간 소득(12.4억 원, 2022년)

- 4.8억 원(39%) — 재산소득
- 3.5억 원(28%) — 사업소득
- 2.6억 원(21%) — 근로소득
- 1.5억 원(12%) — 기타

자료: Korean Wealth Report 2023

소득(22%)보다 높다는 점에서 슈퍼리치와 차이를 보인다.

슈퍼리치는 자신을 위한 투자에 아낌 없어

슈퍼리치들은 모아둔 자산을 향후 "나의 건강과 취미활동, 노후를 위해 쓰고 싶다"고 대답했다. "가족들의 안락한 삶을 위해 쓰고 싶다"는 대답은 두 번째이다. "가급적 쓰지 않고 아껴서 자식을 위해 물려주고 싶다"거나 "내가 관심을 가지고 있는 사회단체를 위해 후원하고 싶다"는 대답은 많지 않았다.

부자나 대중부유층 역시 동일한 순서로 응답했으나, "나를 위해 쓰고 싶다"는 비중은 자산 규모가 커질수록 증가해 슈퍼리치에서 가장 높게 나타났고, 가급적 쓰지 않고 아껴서 자식에게 상속하겠다는 의견은 반대로 자산 규모가 커질수록 감소했다.

슈퍼리치는 여행을 통한 소비활동을 활발하게 하고 본인과

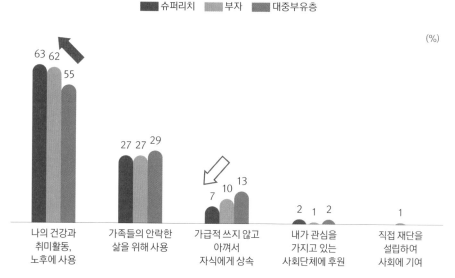

자료: Korean Wealth Report 2023

가족의 교육에 아낌없이 소비하는 경향을 보인다. 또한 의류, 신발 등 패션 관련 소비와 운동, 학습 등 자기계발을 위한 소비에도 관심이 크다.

슈퍼리치가 병·의원 이용, 의약품·의료기기 구매, 운동 등 건강관리에 연간 사용하는 금액은 100만~500만 원이 37%, 500만~1,000만 원, 1,000만 원 이상이 각 29%이다. 즐겨하는 운동은 걷기가 1위(51%)로 조사되었으며 골프와 헬스가 각각 39%로 뒤를 이었다.

슈퍼리치의 노후자금은 금융소득과 부동산 임대소득에서 충당

이미 경제적 자유를 이룬 슈퍼리치는 은퇴 후 노후생활을

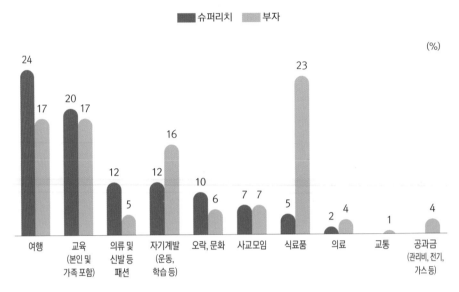

자료: Korean Wealth Report 2023

위한 생활비를 어디에서 마련할까?

가장 많은 대답은 예·적금 및 보험, 직·간접 투자 수익 등의 금융소득이며, 이는 자산 규모와 상관없이 모든 그룹에서 1순위로 나타났다. 2순위는 부동산 임대소득, 3순위는 사업소득이며, 일반 부자는 슈퍼리치와 달리 공적 연금이 3순위인 것으로 조사됐다. 슈퍼리치만의 특징이라면 1순위로 공적 연금(국민연금, 사학연금, 공무원연금, 군인연금 등) 또는 퇴직연금이나 급여소득을 선택한 응답자가 없다는 점이다. 이미 정기적 소득원이 마련된 슈퍼리치에게 연금의 필요성은 크게 중요치 않은 것이다.

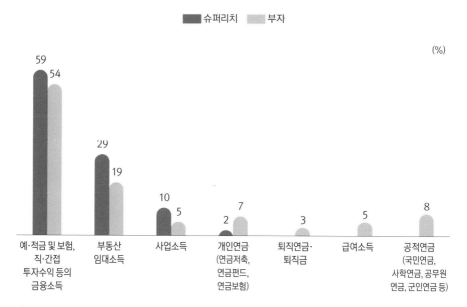

자료: Korean Wealth Report 2023

"은퇴 후 배우자와 80%의 생활을 함께 한다. PT(주 2회), 골프
(주 2회), 걷기(1만 보) 등을 같이 한다."
(부자 인터뷰 중에서)

제5장

상속과 증여
그리고 절세

부자는 보유한 재산을 늦지 않은 시점에 자녀 또는 지인에게 증여하거나 상속을 생각한다. 특히 기업체를 운영하는 오너들은 가업승계와 관련해서 현실적인 어려움에 직면하고 있다. 많은 재산을 보유한 부자일수록 상속과 증여, 그리고 절세에 대한 관심이 높을 수밖에 없다. 최근 납세 부담이 커지는 상황에서도 부자들 사이에 '내야 할 것은 내야 한다'는 인식이 확산되고 있다. 자신이 평생 고생해서 모아온 자산을 어떻게 정리할 것인지에 대한 부자들의 생각을 들어본다. 그리고 세계 최고 수준의 상속세와 증여세를 부여하는 대한민국에서 부자들의 절세 노하우를 살펴보자.

01 .... 부자는 언제
증여나 상속을 생각할까?

우리는 TV에서 부자인 조부모나 부모로부터 많은 재산을 물려받기 위해 가족 간에 경쟁하는 모습이나 그 반전을 그려내는 드라마를 흥미롭게 보곤 한다. 현실에서도 많은 재산을 보유한 부자들이 어떻게 재산을 정리하는지 궁금하지 않을 수 없다.

특히 어떤 방식으로 자녀들에게 증여나 상속을 하는지, 부자 자신이 노후생활을 준비하기 위해 현재 보유한 자산 중 얼마만큼 배정하는지 등에 대해서 말이다.

최근 은행 내에서 진행되는 세무, 법률 상담 중에서 상속이나 증여와 관련된 상담 비중이 빠르게 증가하고 있다. 2019년에 상속이나 증여와 관련된 상담 건수는 각 연간 1,000건 정도였으나 2022년에는 각 2,000건을 넘어 3년 동안 2.5배 증가했다. 전체 상담 건수 대비 비중도 2019년 43%에서 2022년 53%로 10%p나 증가했다. 그만큼 부자들의 상속과 증여에 대한 관심이

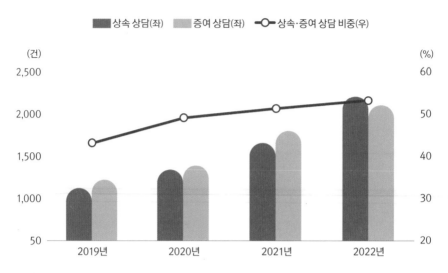

주: 상속·증여 상담 비중은 연간 상담 건수 대비 상속·증여 상담 건수를 의미함
자료: 하나은행

커졌다는 것을 알 수 있다.

상속·증여를 계획하는 비중은 43% 정도

보유 자산 처분 계획을 보면 부자는 현재 보유한 자산 중 절반 정도를 노후 준비에 할애하고, 상속과 증여에 각각 25%, 18%를 계획하고 있었다. 부자들은 증여보다는 상속을 선호한다. 그리고 소수이기는 하나 기부를 생각하는 부자도 꾸준하게 3~4%를 유지하였다. 연도별로 비슷한 수치를 보인다는 점에서 부자들의 자산 정리에 대한 생각을 읽을 수 있다.

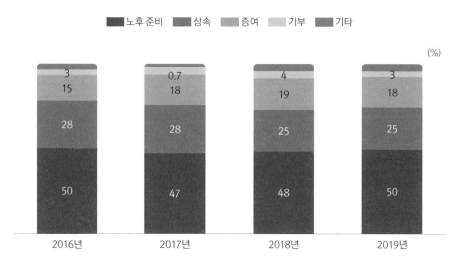

자료: Korean Wealth Report 각 호

"요즘 부모는 상속을 중요하게 생각하고 증여도 하지만, 상속·
증여를 덜 해주고 싶어 하는 경향이 조금씩 나타납니다. 예전
에는 내 모든 재산을 아껴서 자식에게 다 주고 간다는 생각이
강했는데, 최근에는 내가 평생 일해서 번 돈을 왜 자식에게 다
줘야 하는지에 대한 문제의식이 강해지고 있습니다."
(PB 인터뷰 중에서)

보유한 자산 규모나 나이 등 개인이 처한 환경에 따라 보유
자산 처분에 대한 생각의 차이가 있다. 자산이 많을수록 노후
준비보다 상속이나 증여 비중이 높은 경향이 있는데, 이는 자산
이 많은 부자일수록 노후 준비는 이미 충분히 되어 있어, 자녀

세대를 위한 상속이나 증여에 대한 관심이 더 많은 것으로 해석할 수 있다.

한편 연령이 높을수록 노후 준비 비중이 적고 상속 비중이 크게 나타나는데, 이는 고연령 부자일수록 이미 자녀 등에게 어느 정도 증여가 진행되었고 노후 준비에 대한 계획도 완료되어 현재 본격적인 은퇴생활을 하는 것으로 추측된다.

자녀를 위해 사전 증여를 한 비중은 지속적으로 증가하고 있다. 사전 증여는 2014년 32%, 2016년과 2017년에 각각 41%, 42%에 이어 2018년에는 53%를 기록했다.

보유 자산 규모가 클수록 사전 증여 비중이 높은데, 상속이 발생하기 전에 증여를 통해 자산의 일부를 미리 이전해놓으면 과세 범위를 줄일 수 있을 뿐만 아니라, 증여 시점이나 대상자를 선택할 수 있는 유리한 점이 있기 때문이다.

평균적으로 65세에 30대 자녀에게 증여

그렇다면 부자는 언제 자녀에게 증여할까? 60~70대일 때 증여한다는 비중이 약 67%로 높았고, 50대 미만에서는 21%에 불과했다. 80세 이상인 경우도 12%로 가장 적은 비중을 차지했으나, 이때는 이미 증여가 완료된 시점으로 볼 수 있다.

자녀 관점에서 보면 증여를 가장 많이 받는 시기는 20~30대로 결혼 적령기 즈음이고, 주택 구입 자금이 필요한 40대도 28%를 차지했다. 20대 미만 미성년 자녀에게 증여하겠다는 비중은 9%에 불과했고 참고로 손자에게 직접 증여하겠다는 비중도 7%로 낮았다. 인생에 있어 자녀가 가장 많은 돈이 필요한 시

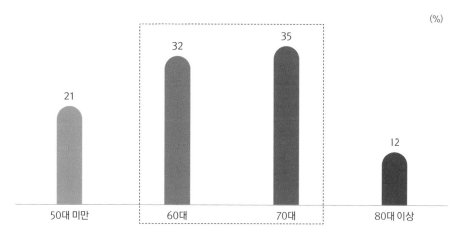

자료: Korean Wealth Report 2020

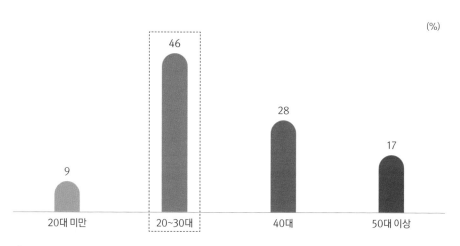

자료: Korean Wealth Report 2020

기에 맞춰 증여 계획을 세운 것이다.

"세금만 고려한다면 가능한 자녀가 어릴 때부터 증여를 하는 것이 유리합니다. 앞서 나온 결과와 같이 부모 나이 70대에 심각하게 고민하는 경향이 있습니다. 벤처사업가 등 영리치는 50대부터 증여하려는 경향이 있으며, 처음 시작은 1억 원 이하부터 시작하기도 합니다."
(상담 전문가 인터뷰)

그런데 부자들이 가장 잘 활용하는 증여 시기는 경제위기로 금융시장이 큰 충격을 받았을 때다. 예를 들어, 주가 하락 시기에 싼 가격으로 주식을 사서 증여하면 주당 매입가격이 낮아지고 증여 후 주가가 올랐을 때 그 차익은 증여 받은 자녀의 몫이 된다. 이는 증여 당시의 주식가격을 기준으로 증여세가 부과되기 때문이다. 부동산도 마찬가지다. 부동산 가격이 하락했을 때 낮은 가격으로 사서 자녀에게 증여한 후 가격이 올랐을 때 동일한 효과를 누린다.

02 ·················· 부자가 선호하는
증여자산의 종류

최근 몇 년간 증여자산의 종류가 변하기 시작했다. 가족에게 증여한다고 할 때, 가장 선호하는 자산은 현금과 예금이다. 그 뒤를 이어 주거용 부동산, 상업용 부동산, 주식·채권·펀드 등 투자자산, 보험, 현물자산, 신탁상품, 사업체 경영권 등을 선호한다. 금액 기준으로 보면 건물이 가장 많은데, 건물이나 토지를 증여할 때 자녀들이 부담해야 하는 증여세까지 포함해서 현금과 예금을 동시에 증여한다.

"70~80대 부자는 40~50대 자녀에게 부동산 증여를 선호하지만, 젊은 부자들은 현금 증여를 많이 하고 있습니다."
(PB 인터뷰 중에서)

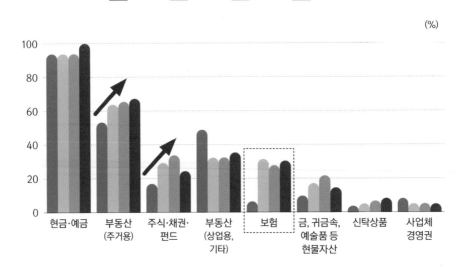

자료: Korean Wealth Report 각 호

2020년부터 주거용 부동산의 증여가 증가하기 시작했는데, 정부의 부동산 정책과 세금 정책에 영향을 받아 원래 계획하고 있던 시기를 앞당겨 증여하거나(예를 들어, 결혼 전 미혼 자녀에게 증여를 서두르는 것이거나) 배우자에게 증여한 것이다.

반면, 주거용 부동산과 달리 상업용 부동산에 대한 증여 의사는 팬데믹에 들어서면서 위축되었다. 이는 주거용 부동산에 대한 규제 강화로 상업용 부동산보다는 주거용 부동산에 대한 증여가 시급한 사안이 되었기 때문이다.

팬데믹 이후 금융상품을 통한 증여도 증가

주식, 채권, 펀드를 통한 증여 의사가 2019년 12%에서

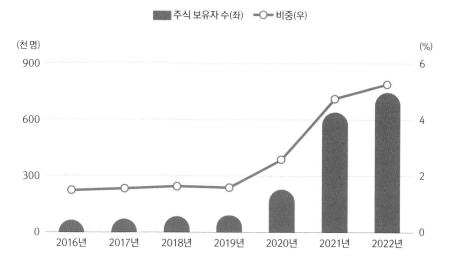

주: 비중은 전체 주식 보유자 수 대비 만 20세 미만 주식 보유자 수를 의미함
자료: 한국예탁결제원

2021년 21%로 2배 가까이 증가했다. 이는 향후 가격 상승과 자녀 경제 교육까지 염두에 둔 것에 기인한다.

이러한 주식 증여는 한국예탁결제원에서 발표하는 통계로도 확인된다. 2021년 말 기준으로 삼성전자의 20대 미만 주주가 35만 8,257명으로 역대 최대치를 기록했다. 2019년 말 기준으로 1만 8,301명에 불과했으나 2020년 말 11만 5,083명을 거쳐 3배 이상 증가한 수치다. 미성년자의 계좌 개설을 부모가 한다는 점을 고려하면 주식 증여가 크게 증가했음을 알 수 있다.

또한, 20세 미만의 주식 보유자 수 변화를 보면 미성년자에 대한 주식 증여가 얼마나 빨리 진행되었는지 알 수 있다. 2019년 9만 8,612명에서 2022년 75만 6,000명으로 증가했으며,

전체 주식 보유자에서 미성년자가 차지하는 비중도 5%로 확대되었다.

이와 같은 주식 증여는 국내 주식뿐만 아니라 해외 주식으로 확대되었으며, 부자뿐만 아니라 일반인까지 확산되는 추세다.

팬데믹 동안 보험상품을 통한 증여 확대

또한, 팬데믹 동안 보험을 통한 증여가 5%에서 20% 수준으로 크게 증가했다는 점이 눈에 띈다. 상속·증여의 수단으로 보험상품이 인기를 끌고 있는데, 가장 큰 이유는 상속·증여의 세금 납부 재원으로 활용할 수 있기 때문이다. 예를 들어, 부모가 보험 계약의 주체가 되어 계약자이면서 피보험자가 되고 자녀를 수익자로 하는 보험 계약을 체결하는 경우가 이에 해당한다.

이때 주의할 점은 자녀가 보험료를 납부했는지 아닌지에 따라 상속세의 부과 여부가 결정된다는 점이다. 즉, 부모가 보험료를 납부한 경우 다른 상속재산과 동일하게 분류되어 자녀는 상속세를 부담해야 하지만, 자녀가 보험료를 납부한 사실을 입증한 경우 상속세는 부과되지 않는다. 다른 상속 자산이 많은 경우 예상되는 상속세만큼 보험금을 설정해놓으면 갑작스럽게 상속을 받게 되더라도 자녀 입장에서 상속세 마련을 위한 고민이 줄어들 수 있다. 엄밀히 말해 상속과 관련해서 보험상품을 이용하는 것은 상속세 절감보다는 상속세 납부를 위한 재원을 마련한다는 취지에서 접근하는 것이다.

03 ·············· 부자의 상속·증여 절세법

우리나라의 상속·증여세율은 OECD 국가 중에서도 매우 높은 편이다. 명목상으로 과세표준 최고 구간인 30억 원을 초과할 경우 세율이 50%에 달하는데, 이는 일본에 이어 2위이다.* OECD 국가의 평균 상속·증여세율이 15%인 점을 고려할 때 매우 높은 수준이다.

증여 시점은 자산가격이 하락했을 때

높은 세율을 감안하면 증여할 자산가격이 상승하기 전이나 자산가격이 일시적으로 하락했을 때가 증여의 적기다. 예를 들어 주식이라면 금융위기 등으로 주가가 크게 하락했을 때 증여

---

* 이외에 프랑스 45%, 미국과 영국 40%, 스페인과 아일랜드 33~34%, 벨기에와 독일 30% 등이며 캐나다, 호주, 뉴질랜드 등 18개 국가는 0%이다.

를 하는 것이 유리하며, 향후 가격이 상승할 것으로 예상되는 부동산 증여는 빠르면 빠를수록 좋다.

부동산의 경우 가격이 상승하기 전에 증여하는 것이 가장 좋다. PB들에 따르면 현재는 가격이 높지 않으나 향후 가격이 상승할 것으로 예상되는 지역의 부동산이 증여 대상으로 선호된다고 한다. 예를 들어 10년 후에 재개발이 예상되는 주택 지역이 좋은 증여 대상이 된다.

부자는 항상 경제 환경이나 세제 변화 등에 대해 일반인보다 더 많은 주의와 관심을 기울이면서 투자 시점이나 증여 시점에 대한 타이밍을 가늠한다.

증여 대상 자산의 가격 변화도 부자들의 증여 시기에 중대한 영향을 주는 요소이지만 지난 정부의 종합부동산세 등 세제 정책의 영향으로 부자의 증여 계획이 증가한 것처럼, 현 정부의 종합부동산세 완화 정책은 증여를 줄이는 역할을 할 가능성이 크다. 결국 부자를 움직이는 가장 큰 요인은 세금인 셈이다.

이렇듯 부자들은 세금에 대해 매우 민감하다. 이전 정부의 부동산 대책으로 세 부담이 증가하자 부자들은 자녀에게 부동산과 현금을 패키지로 증여했다. 그럼에도 세 부담이 증가하는 것을 모두 회피할 수는 없었다. 실제로 부담해야 하는 종합부동산세 규모와 납세자가 가파르게 증가했기 때문이다.

특히, 소득원이 제한적이어서 자산 규모를 크게 늘리는 것이 어려운 은퇴한 부자의 경우 추가적인 세금이 발생하면 보유한 자산은 점차 줄어들 수밖에 없다.

부자가 늘어난 세 부담을 어떻게 충당하는지에 대해 조사해

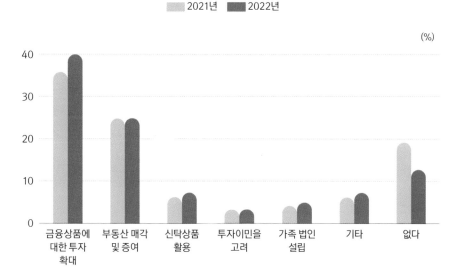

2021년　2022년

(%)

자료: Korean Wealth Report 2022, 2023

본 결과, 늘어난 세금을 충당하기 위해 금융상품 투자를 확대하 겠다고 대답한 부자가 36%로 가장 많았다. 그다음으로 25%가 부동산 매각과 증여를 통해 세금을 충당하거나 줄이겠다고 대 답했다. 특별한 방법이 없어 늘어난 세금만큼 추가로 납부할 수 밖에 없는 경우도 19%나 되었다.

신탁상품을 활용하거나 가족 법인 설립을 선호

최근에는 신탁상품에 가입하거나 가족 법인을 설립하는 방 법을 고려하는 부자도 조금씩 늘어나는 추세이다. 상속 발생 시 가족 간 분쟁 없이 안전하게 상속재산을 가족에게 물려줄 가 장 확실한 방법이 신탁상품을 활용하는 것이다. 유언이 없을 경우 가족 간 협의 분할로 재산을 나눠야 하는데 이때 상당한 분쟁이 예상되고, 공증된 유언서가 있어도 유언 집행인이 유언서대로 집행하는 데 상당한 어려움이 있다. 특히, 금융자산의 경우 공증 유언서가 있더라도 금융회사에서 최종 유언서인지 확인이 불가능하기 때문에 금융자산에 대한 명의 변경을 하려면 가족 전원의 동의가 필요하다. 이러한 복잡한 문제를 한 번에 해결할 방법이 '유언대용신탁'이다. 일정 수수료만 지급하면 금융회사와 계약한 대로 유언서 내용을 안전하고 확실하게 본인의 의사대로 집행할 수 있기 때문이다.

또한, 최근에 많이 늘고 있는 증여 방법으로 가족 법인을 활용하는 사례가 있다. 상속은 사망 시 본인 재산 전체를 합산하여 과세를 하고 증여는 생전에 건별로 과세하기 때문에 자녀들이 어릴 때 일찍 증여하는 것이 절세 목적으로는 유리하지만, 많은 현금을 증여하기에는 정서상 좀 거리낌이 있다. 자녀들의 자금 출처원을 어릴 때부터 마련해주고 싶을 때 가족 법인을 활용한다.

가족 법인은 주주 구성이 가족으로만 이루어진 법인을 말한다. 예를 들어, 1억 원을 자본금(지분율 본인 20%, 배우자 20%, 아들 30%, 딸 30%)으로 가족 법인을 설립한 후 가족 법인 명의로 50억 원 상가를 구입하려 하는 경우 개인 자금을 법인에 대여한다. 자본금이 소액이기 때문에 개인 자금을 법인에 빌려줄 수 있다. 이때 가족 법인을 통해 상가를 구입하면 다음과 같은 장점이 있다.

첫째, 자금 출처 측면에서 유리하다. 상가를 개인 공동으로 구입할 경우 각자 지분에 해당하는 만큼의 자금이 필요해 자녀에게 많은 현금을 증여해야 한다. 그러나 법인으로 하는 경우 자본금에 대한 자금 출처만 있으면 된다. 개인이 법인에 자금을 대여하는 것은 일정 요건을 충족하는 경우 세무상 문제가 발생하지 않기 때문이다.

둘째, 종합소득세와 건강보험료를 절세할 수 있다. 개인 공동 사업자로 구입을 하면 본인 지분율에 해당하는 상가 임대소득을 다른 소득과 합산하므로 세 부담이 증가한다. 법인 명의로 구입하면 법인의 소득이므로 개인의 소득과는 별개로 과세가 된다. 법인의 배당을 받지 않는 이상 종합소득세와 건강보험료 납부 금액에도 영향을 미치지 않는다.

셋째, 개인이 소득으로 받는 시기를 조절할 수 있다. 법인의 경우에 배당은 주주가 원하는 시기에 하면 되기 때문에 은퇴 후에 다른 소득이 많지 않을 때 배당하면 된다.

끝으로 자금관리 측면에서 유리하다. 개인 공동 사업자로 구입하는 경우 매년 이익금을 자녀 명의의 계좌로 분배를 해야 하지만, 법인 사업자로 하는 경우 법인 명의의 통장으로 이익금을 관리할 수 있다.

한편, 보유한 주택이 많을수록 금융상품을 활용하거나 부동산 매각 또는 증여를 통해 추가 세금을 줄여 납부할 세금 재원을 마련한다는 대답이 많았다. 2주택 이상 보유자일수록 금융상품에 대한 투자 비중이 높고, 거주주택 외 주택을 매각하거나 증여하는 등의 방법을 통해 1주택 보유자가 되는 등 적극적으로 대응했다. 1주택 보유자의 경우 별다른 대응을 하지 않는다는 비중이 31%로 가장 높았다.

　이와 같이 부자들도 납부해야 할 세금이 늘어나는 것에 대한 부담은 있으나, '내야 할 것은 내야 한다'는 생각을 기본적으로 가지고 있다.

> "10여 년 전부터 세금과 관련해서 상담 내용의 방향이 달라졌습니다. 이제는 세금이 얼마가 나올 것인가를 상담하고 자진납부하고 있으며, 이런 경향은 영리치에서 더 두드러지고 있습니다."
> (PB 인터뷰 중에서)

04 ·············· 부자가 가업승계를 어려워하는 진짜 이유는?

기업을 운영하는 부자에게 가업승계는 매우 중요한 문제이다. 80세 이상의 은퇴한 고연령 부자는 이미 가업승계를 완료한 경우가 많지만, 가업을 물려받은 2세대 부자는 여전히 3세대 자녀에 대한 가업승계가 현실적인 문제로 남아 있다. 일정 지분이 자녀에게 사전 증여되었을 수 있으나 경영권을 넘겨주는 시기는 본인이 은퇴하는 시점이거나 상속 시점일 수도 있다.

가업승계와 관련한 상속·증여에 대해서는 일정 요건을 충족할 시 상속세와 증여세 산정에 있어 공제제도와 가업승계 주식에 대한 증여세 과세특례제도가 운영되고 있다.

국세청 자료에 따르면 가업상속과 가업승계 증여는 2019년을 제외하고 꾸준히 증가하는 추세다. 우선 가업승계 상속 관련 신고 건수는 2017년 76건에서 2021년 110건으로 증가했고, 공제금액은 팬데믹 이전에 평균 2,500억 원 수준이었으나 팬데믹

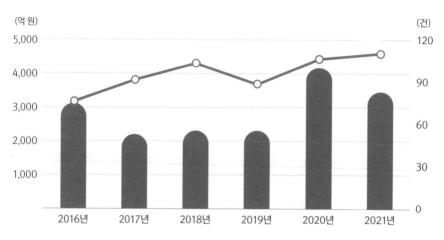

자료: 국세청

기간에는 평균 3,840억 원으로 증가했다.

　가업상속 공제금액은 상속 개시일 현재 피상속인이 10년 이상 계속해서 경영한 기업(개인 또는 법인)을 상속받는 경우에 가업상속 공제의 적용 요건을 모두 충족할 때 상속세 과세가액에서 공제하는 금액을 의미한다.

　가업상속 공제금액 한도는 피상속인이 가업을 영위한 기간에 따라 달라진다. 즉, 10년 이상 가업을 영위한 경우는 300억 원 한도에서 공제받고, 20년과 30년 이상이면 각각 400억 원, 600억 원으로 공제 한도가 늘어난다.

　한편, 가업승계 증여와 관련한 신고 건수도 2016년 130건에서 2021년 267건으로 2배 이상 증가했고, 증여재산가액도 2016년 2,021억 원에서 2021년 4,025억 원으로 증가했다.

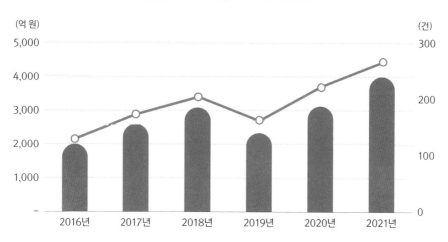

자료: 국세청

　　가업승계 주식에 대한 증여세 과세특례는 중소기업 경영자가 생전에 자녀에게 가업을 계획적으로 사전 상속할 수 있도록 지원하기 위한 제도이다. 대상 자산은 주식 또는 출자지분을 증여하는 경우에 가업자산 상당액을 포함한다. 증여특례한도는 가업상속 공제 한도와 동일한 기준을 적용한다.

　　국세청 자료에서 보듯이 가업승계 증여의 신고 건수가 가업상속보다 많은 것은 가업도 생전에 자녀에게 물려주려는 경향이 커지고 있음을 알 수 있다.

부자들은 스스로 일궈온 회사에 대한 애착이 남다르다

　　그러나 가업승계 여부를 결정하지 못하는 중소기업 경영자들도 여전히 많다. 2019년 기준으로 사업체를 운영하는 부자 중

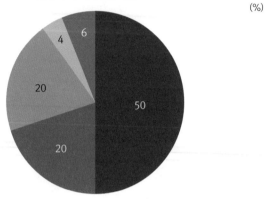

(%)

자료: Korean Wealth Report 2020

가업승계 의사를 명확하게 밝힌 비중은 절반이 채 안 되는 44% 정도였다. 가업승계를 하지 않겠다는 비중이 40%, 아직 결정하지 못했다는 비중이 16%였다. 부자들도 가업승계 문제에 대해서는 뚜렷한 방향성이 없다.

가업승계를 결정하지 못한 이유는 세금 부담보다 다른 요인이 더 크게 작용했다. 일반적으로 가업승계와 관련해서 세금 부담이 클 것으로 예상되나, 실질적으로 가업승계의 적절한 시기를 정하지 못하거나 사업의 전망이 불투명해서 가업승계를 못하는 경우가 많다.

부자들은 평생 일궈온 사업에 대한 애착이 강해서 본인이 책임진다는 생각이 크다. 또한, 직업관이 부모와 달라 자녀가 가업승계를 원하지 않는 것도 가업승계를 막는 요인이다.

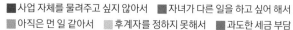

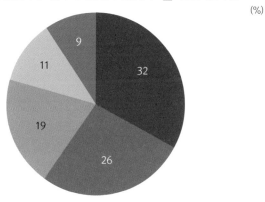

■ 사업 자체를 물려주고 싶지 않아서 ■ 자녀가 다른 일을 하고 싶어 해서
■ 아직은 먼 일 같아서 ■ 후계자를 정하지 못해서 ■ 과도한 세금 부담

(%)

자료: Korean Wealth Report 2023

반면 2022년 조사에서는 가업승계를 고려하지 않는다는 비중이 72%로, 2019년에 비해 현저히 높아졌다. 부자들은 현재 사업체를 자녀에게 물려줄 생각이 없다. 그 이유를 보면 세금 부담보다는 사업을 물려주고 싶지 않거나 자녀가 원하지 않기 때문이다. 특히 자녀가 원하지 않아서 가업승계를 못 하는 비중이 2019년에 비해 높아졌다. 과도한 세금 부담은 9.3%로 응답률이 높지 않다.

가업승계가 잘 이루어지지 않는 이유 중에 세금 부담의 비중은 전체적으로 낮은 수준이지만, 2019년 4%에서 2022년 9%로 높아진 점은 세금 부담이 커졌음을 보여준다.

부자들의 상속분쟁

절세를 위해 최근 사전 증여가 크게 증가했지만, 사전 증여 이후 자녀가 부모를 대하는 태도가 변할까 봐 증여보다는 상속을 한다는 얘기도 있다. 부자들은 적절한 비율로 증여와 상속 비중을 조절하려고 한다.

또한, 자녀 간 상속재산 다툼을 우려하는 부자들도 많다. 사전에 상속재산에 대한 분배를 설계하고자 하는 수요가 늘고 있으며, 이를 위해 유언장이나 신탁상품의 활용이 증가하고 있다.

인구 감소에 따라 자녀 수가 줄어든 만큼 자녀 간 상속분쟁이 줄어들 것으로 예상되나, 여전히 자녀 간 분쟁이 많다. 실제로 상속재산에 대한 자녀 간의 다툼은 해마다 증가하고 있다. 2021년 기준 상속재산 분할 심판과 유류분 반환 청구 소송 접수 건수가 모두 증가했다.

유류분 청구 소송은 유언에 따라 재산을 물려받은 상속자를 상

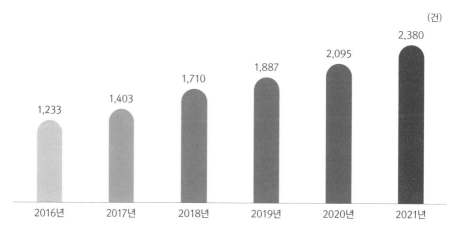

(건)

1,233	1,403	1,710	1,887	2,095	2,380
2016년	2017년	2018년	2019년	2020년	2021년

자료: 법원행정처

대로 나머지 상속자들이 유류분 권리를 주장하는 소송이다. 전국 1심 법원에 접수된 유류분 반환 청구 소송은 2021년 사상 최대치인 1,701건을 기록했다.

상속재산 분할 심판은 피상속인 사망 시 남은 재산을 법원 심판을 통해 나누는 것으로, 2021년 당시 전국 가정법원에 접수된 상속재산 분할 처분은 2,380건이었으며, 매년 지속적으로 늘어나고 있다.

이처럼 가족 간 상속분쟁이 늘어나고 있는 주요 원인은 자산가치가 급등하면서 상속재산 규모가 커졌을 뿐만 아니라 개인의 권리의식이 향상되었기 때문이다.

누군가는 피곤한 몸을 일으켜 회사에 출근하지 않아도 되는, 대출상환을 걱정하지 않아도 되는 삶을 꿈꾸며 매주 간절한 마음으로 복권을 산다. 어디 그뿐인가? 백화점에서 가격표를 보지 않고 쇼핑하거나 기분에 따라 슈퍼카를 골라 타고 언제 어디든 여행을 떠날 수 있는 삶, 꿈이 현실로 실현되는 그 마법의 열쇠가 곧 '돈'이다.

돈이 삶의 질을 바꾸는 데 중요한 역할을 하는 것은 틀림없는 사실이다. 그래서 언제나 이미 부를 일군 부자들에게는 세간의 이목이 집중된다. 하지만 이 책은 아쉽게도 돈 버는 법을 알려주는 비법서가 아니다. 일정 수준 이상 자산을 보유한, 소위 부자를 대상으로 설문을 통해 돈을 어떻게 모아 관리하고 사용하는지, 그리고 돈과 관련된 그들의 태도와 삶이 어떤 특징을 가지는지를 볼 수 있도록 10년간 누적된 데이터를 객관적으로 분석한 보고서이다. 부자의 모든 것을 아우르지는 못했더라도 10년간 '부(富)'와 관련해 변화해온 것과 변함없이 유지된 것들을 한눈에 살펴볼 수 있도록 정리했다는 점에서 큰 의의를 갖는다.

지난 10년간 『대한민국 웰스 리포트(Korean Wealth Report)』에서 살펴본 부자의 특징 중 변하지 않는 것은 '부동산 선호' 경향이었다. 부자의 자산 중 현재의 부를 일구는 데 기여한 일등 공신은 단연 부동산이었다. 물론 부자는 원래 가진 돈이 많기 때문에 일반인보다 더 좋은 입지를 가진, 가격 상승 잠재력이 높은 부동산을 매입할 여력이 높았던 것이 사실일 것이다. 그러나 이들이 많은 시간을 할애해 부동산을 공부하고 향후 가치가 상승할 것으로 기대되는 부동산을 선별하기 위해 많은 힘을 쏟았다는 사실에 주목할 필요가 있다.

한편 그들은 장기적으로 보면 '잃지 않은 투자'를 해왔다. 단지 운이 좋아서, 돈이 많아서 수익을 내는 것이 아니었다. 변화하는 경제 상황과 시장 흐름에 더 많은 관심을 기울이고 수익 변화에 일희일비하기보다 장기간 투자를 유지하거나 남들이 투자하지 않는 시점에 투자하는 등 나름의 노력과 적극적 실행을 통해 소기의 성과를 거두었다. 시장 변화에 따라 얼마나 적극적으로 포트폴리오를 조정하는가와 투자수익이 비례한다는 분석은 그들의 노력을 방증하는 결과였다.

금융시장 위기 상황에서 또는 큰 자산을 운용하는 상황에서 자신만의 소신을 가지고 부동산이나 금융자산에 투자를 결정하는 것은 결코 쉽지 않은 일이다. 하지만 부자는 신중하게 접근한 뒤 확신이 서는 시점에서는 대출을 통해서라도 자금을 조달하고, 그대로 실천하는 적극성과 남다른 실행력을 보여주었다.

부자가 되는 방법이 다양해진 것은 사실이지만 여전히 자수성가형 부자보다 '상속형 부자가 조금 더 높은 비중을 차지'하는 것도 10년간 유지되는 특징 중의 하나였다. 상속형 부자 중에는 자기 사업을 하는 자영업자와 기업 경영자가 다수 포함돼 있다. 이들은 본인뿐만 아니라 함께 일하는 직원까지 책임져야 할 가능성이 높아 부를 유지하고 확장하기 위한 노력이 더욱 치열할 수 있음을 내포했다.

부자 스스로 평가한 부자의 최우선 요건은 성실성이었고, 자기계발을 위해서라면 아낌없이 투자한다고 말했다. 상속형 부자가 많다는 사실에 "누구는 부모를 잘 만나서 일 안 해도 되겠네"라며 체념 섞인 푸념을 할지 모르겠지만, 물려받은 부자든 자수성가형 부자든 누구보다 치열한 성실함과 강한 목표 지향적 사고로 부단히 노력하는 특징을 지녔음을 직시해야만 했다.

또한, 지난 10년간 다양한 측면에서 부(富)와 부자의 변화도 확인되었다. 이 책에서 말하는 부자는 베이비부머와 그 이전 세대가 많은 비중을 차지한다. 생애주기 관점에서 보면 이들은 '자산 이전'을 고민해야 할 시점에 와 있다. 과거 조금이라도 아껴 자식에게 많이 물려주려는 인식이 강했다면 이제는 내 삶을 즐기려는 인식이 더 우선했다. 이에 따라 상속·증여 시기는 점차 늦어지고, 부동산을 매각해 유동화한 뒤 현금·예금, 신탁상품을 활용해 증여할 의향이 더 높아졌다.

재테크 수단으로 부동산이나 투자상품만 활용되는 것이 아니라 가상자산, 해외투자(외화자산), 미술품 등과 같이 '투자 영역이 훨씬 다양화'된 것도 10년간의 큰 변화 중 하나이다. 특히 팬데믹을 겪으면서 부자들의 투자 행태는 훨씬 과감하고 적극적으로 변화했다. 보수적인 투자 성향을 가진 부자들도 직접 투자에 적극 참여하게 됐고, 해외투자(달러, 주식, 부동산 등)에 대한 관심도 훨씬 높아졌다. 경제 상황의 변화뿐 아니라 금융에서 디지털 채널이 활성화된 것 또한 부자들의 투자 관점과 관심 영역을 확장시키는 데 일조했을 것으로 보인다.

최근 『대한민국 웰스 리포트(Korean Wealth Report)』에서는 부의 기준이 높아져 금융자산 100억 원 이상의 슈퍼리치를 집중 조명했고, 젊은 부자(영리치)가 보여준 새로운 부의 모습 또한 흥미롭게 분석하기도 했다. 이제 향후 10년 후의 부자는 어떤 모습일지, 지금과 어떻게 달라질지, 그들의 자산 형성 과정과 자산관리 방식 등이 벌써부터 궁금해진다. 불확실성이 커지면서 빠르게 변하는 경제와 시장 상황, 기술의 발전 속에서 기회를 포착하고 새로운 방법으로 부를 확장해가는 대한민국 부자의 발전은 계속될 것이다. 그때가 되면 세계적으로 조명받는 대한민국 부자의 활약을 깊이 있게 다뤄야 할 것 같다. 그리고 세대교체가 된 미래 부자의 인식 변화도 흥미로운 분석 포인트가 될 것이다.

2012년부터 대한민국 부자들을 직접 만나 조사하면서 부자들의 변화를 살펴보고, 이를 독자 여러분들과 함께 공유할 기회를 마련하게 돼 매우 기쁘게 생각한다. 그리고 앞으로도 계속될 『대한민국 웰스 리포트(Korean Wealth Report)』를 재미있게, 또 의미 있게 살펴봐 주시길 부탁드린다. 그동안 이 보고서를 작성하는 데 있어 설문 기획부터 설문지 회수, 인터뷰 주선, 자문 등의 과정을 함께해주신 하나은행 자산관리그룹 WM본부 임직원분들께도 감사 인사를 드린다. 마지막으로 『대한민국 웰스 리포트』가 책으로 나오기까지 도움을 주신 많은 분께 진심으로 감사의 마음을 전한다.

인터뷰에 참여한 은행 PB

강보연, 김성호, 김윤겸, 김하진, 김학수, 남태교, 문은진, 박은주
박해영, 송정화, 윤주희, 이숙남, 임현아, 임혜정, 장미란, 조혜란
최영미, 한채란

도움을 주신 분

배도진 센터장(하나은행 자산관리컨설팅센터)

박정국 팀장(하나은행 자산관리컨설팅센터)

김지연 과장(하나은행 자산관리그룹 자산관리지원부)

이동철 과장(하나은행 자산관리그룹 자산관리지원부)

황성영 연구위원(하나금융경영연구소 개인금융팀)

황규완 연구위원(하나금융경영연구소 산업생태계팀)

그동안 보고서 작성을 위한 설문에 참여해주신 하나은행 PB 손님, 그리고 직접 인터뷰에 응해주신 손님들께 감사드립니다.

2007년

2008년

2009년

2010년

2012년

2013년

2014년

2015년

2017년

2018년

2019년

2020년

2021년

2022년

2023년

대한민국 부자보고서

지은이 | 하나은행 하나금융경영연구소

1판 1쇄 인쇄 | 2023년 12월 10일
1판 1쇄 발행 | 2023년 12월 15일

펴낸곳 | (주)지식노마드
펴낸이 | 노창현
등록번호 | 제313-2007-000148호
등록일자 | 2007. 7. 10

주소 | (04032) 서울특별시 마포구 양화로 133, 1202호(서교동, 서교타워)
전화 | 02) 323-1410
팩스 | 02) 6499-1411
홈페이지 | knomad.co.kr
이메일 | knomad@knomad.co.kr

값 18,000원
ISBN 979-11-92248-18-9 13320

copyright © 하나은행 하나금융경영연구소 2023